打開天窗 敢説亮話

LIFE

移民台灣大作戰

King Kong 媽媽(Cass) 著

目錄

推薦序 馬漪楠 岑皓軒 8

推薦序 歐泳樑 10

推薦序 King Kong爸爸 11

自序 移民需要一個人做 另一個人能懂......... 12

序章 還未買回程機票的長途旅行.............. 15

第一章 移民前 思前想後

1.1 移民的Opportunity Costs 18

1.2 Why台灣？................................ 22

1.3 移民的黃金時間 27

1.4 孩子，我們移民好嗎？ 30

1.5 媽，我們帶孫兒移民可以嗎？........ 37

1.6 辦理移民手續開跑！ 42

1.7 六十箱行李大遷徙 47

第二章 移民後 柴米油鹽大作戰

2.1 台灣定居地怎樣選？ 54

2.2 租樓還是買樓？ 58

2.3 我家別墅有電梯！ 61

2.4 台灣買車攻略............................... 65

2.5 請先學會開車！ 69

2.6 一家五口要花多少？ 72

2.7 台灣日常生活雜費 77
2.8 做個鄉下快活人 79
2.9 台灣沒有你想像中的這麼好........... 82
2.10 台灣人眼中的香港移民................ 85
2.11 我要生第三個孩子 88
2.12 豪嘆！台灣生產記 92
2.13 無敵台灣健保............................... 96
2.14 沒有工人姐姐的日子 99
2.15 要唱移民獨腳戲？ 102
2.16 夫妻關係大挑戰 107

第三章 轉行開餐廳：台灣開實體店大作戰

3.1 在台灣做什麼生意最好？............112
3.2 在台灣賺錢的迷思 117
3.3 我要開餐廳..................................120
3.4 餐廳投資計計數 127
3.5 台灣店面選址攻略 131
3.6 台灣租店房東百態 135
3.7 實體店裝修省錢大法 138
3.8 台灣人做生意之道？ 143
3.9 台灣加盟店也瘋狂 147
3.10 台灣請員工不敗法則 150
3.11 餐廳一變四..................................152

目錄

第四章 孩子大作戰：台灣上學去

4.1 飄洋過海讀森林學校 156
4.2 孩子一個月學會國語 160
4.3 有選擇的台灣教育 164
4.4 不同類型學校怎樣選？ 167
4.5 森林學校功課考試實錄 170
4.6 讓孩子走出教室吧！ 173
4.7 小一開始學英語 ABC 177
4.8 另類學校的側寫 180
4.9 選擇私校與公校的掙扎 183

第五章 同路人移台大作戰

故事 1 一打三的網店媽媽 188
故事 2 開創先河的紮肚師 192
故事 3 放棄鐵飯碗的愛家爸爸 196
故事 4 移居不移民的小吃店女生 201

終章 如果可以重新選擇，會移民英國嗎？ ...204

推薦序

馬漪楠 岑皓軒

《全家變泰》《放養孩子──育出自學力》《自遊人生 旅居藍圖》作者

《iMoney智富雜誌》專欄作家 旅居達人

一句「想和孩子有多些親子時間」，King Kong媽媽（Cass）和老公放下高薪厚職，在孩子最需要父母的愛和陪伴時，當了兩年全職爸媽，用時間和身教代替物質和玩具，親自陪伴孩子成長，並寫下處女作《King Kong 全職爸媽大作戰》，令一眾每天和時間競賽，把孩子留給四大長老和工人姐姐照顧的職場父母又羨又慕。

轉眼數年後，一對寶寶到了適齡入學期，這次Cass和老公一心「為了尋求孩子的理想教育和成長空間」，萌生起移民台灣的念頭，經過實地視察，兩公婆坐言起行，一家四口出發，闖個新天新地。有人說，這究竟是追夢還是瘋狂？我們卻看到他倆「拿得起，放得低」，「敢想敢做」的樂活態度！

兩年前，我們一家從沖繩出發到台灣旅行，一落機第一站便是去探訪Cass一家，想親自看看這對「心口有個勇字」的夫婦。雖然大家之前素未謀面，純粹以書會友結緣，但見面時卻完全沒有陌生的感覺，相反，我們好像認識多年的朋友一樣，雖然少見面，但一見面卻有無盡話題，雞啄唔斷。

我們由育兒教育講到異地生活柴米油鹽，由白天談到晚上，幾乎天南地北，無所不談。兩家小孩，四個男生（下次再見面時，將會是五個男生！），更是一見如故，毋須破冰，一起笑一起玩。儘管我們兩家人走的路不盡相同，一家旅居，一家移民；一家在日，一家在台，但是大家曾面對的和正面對的事卻又是那麼似曾相識！聽罷他們在台灣一場又一場的精彩冒險，臨別依依，我們忍不住跟Cass說：「我們等你把這些寶貴的經歷寫出來分享給更多讀者看啊！」原來他們也正有此意。

想到做到，兩年後的今天，他們的新作《移民台灣大作戰》終於出版了。高興這並不是另一本移民台灣實戰秘笈，而是一本記錄了他們一家將自己的理想在異鄉一步步實踐出來的心態書，因為移居外地的政策日新月異，變幻無常，今天適用，後天可能已經過時。可是心態決定境界，只要領悟到他們一半的「打不死」心態，就算沒有打算移民到哪兒，也定必從書中學到一系列走出舒適圈，面對新環境，新挑戰的真功夫。

最後，我們想說跟King Kong一家說：「如果當初移民是為了令孩子們得到更理想的教育，那麼恭喜你們，因為你們已經做到了！在孩子看見你們懷着無比勇氣把夢想實現出來時，他們已經從你們身上偷師，學到人生裡最寶貴的一課！」身教更勝言教，期待你們家三位公子青出於藍勝於藍，把餐廳如《食神》一樣「一間變兩間，兩間變四間，四間變八間，八間之後再上市...」生意興隆，大展鴻圖！

推薦序

歐泳樑

《浪蕩澳洲365天》、《良業遊民》作者

旅遊達人

我認識的King Kong爸爸和媽媽，處事爽快，態度樂天，本書的行文十足兩人的特質，看得過癮悅目。本來只想預覽小部份，最終竟不自覺一口氣完成。閱畢，很想衷心說句：恭喜你們，找到自己的樂土。

King Kong爸媽的經歷，讓我想起當年澳洲工作假期遇見的一對情侶：男方很為難，因為旅程開展不久後，女友便思家想回國，縱然他百般不捨，但最終決定：「如果女朋友決定回國，我也跟她一齊走，出發前大家要說好一齊共同進退。」在King Kong爸媽身上，更加見證到這份互諒互愛的信守：不同時間經歷澳洲工作假期、回港後結婚成家；放棄高薪厚職當全職父母；斷捨離，在台灣另建一個家，更於異地創業，事業上再度精彩。驚人的行動力背後，相信大有心得。

本想今夏飛一趟台灣，探訪他們，一如當年在港的晚上摸杯詳談。奈何礙於新冠肺炎疫情，留守香港——此書剛巧是最佳的補償。

King Kong媽媽不脫專業的測量師本色，本書道盡出發前以老、中、幼的角度思量、移民手續程序，對抵台後的生活開支、創業市道，以及港人必然重視的樓情等都「挑通眼眉」，身心靈浸透性的分析！與其說是移民天書，我更覺得是一本融合母親、妻子、女兒、朋友以及專家角色，具溫暖的私人日記：梳理著異地新生活的雜碎，嚴謹又不缺歡容，敞開心扉讓大家窺探。

特別在這個讓香港人落寞的時代，章節間，不禁令人思索：年長、成家後，我們是否失落了年輕的勇氣？停留就是對子女最負責任的決定？

借鏡King Kong爸爸媽媽的成功故事，讓我們多一個肯定的答案。

推薦序

King Kong 爸爸（Warren）

四間餐廳 CEO（Next Stop 香港手作料理、
Next Stop+ 新派香港手作料理、Sugar Me 雞蛋仔專門店、食在.香港廚房）

當初因為台灣的一所學校，令我們全家上上下下萌生移民的念頭。

我很記得參觀學校接近尾聲時，在了解學費的細節後，我臉上帶有難色。

在家庭裡我負責財務。現在要在一個全新又陌生的環境經營自己毫無經驗的餐飲業生意，有沒有收入已經是一個問號，更何況要應付昂貴的學費，當下我有點感到絕望。

正所謂「柳暗花明又一村」，一切都有造物主的眷顧。我們帶著一點點的勇氣移民台灣，開展了充滿挑戰的人生下半場。原本兩夫妻在香港是一般上班族，來到台灣踏進了餐飲業，一個負責收銀+水吧+外場，一個負責熱廚房。從一開始只是一家小店個體戶，到今天我們要管理四家店。現在看來也有點不可思議。

然而，在異地生活，要經營餐廳，還要照顧三個孩子，沒有外傭和四大長老的支援下，生活談何容易？

精彩背後，伴隨著很多痛苦、辛酸、血汗和沮喪。這本書為你一一娓娓道來。

其實很多人也具備移民的條件，但最後能作出移民的決定，便需要無比的勇氣。我相信當你仔細閱讀這本「移民路上的心靈雞湯」，你會發現移民路上你並不孤單，透過我們的親身經歷和分享，你會對移民台灣生活有更多了解和準備，從而獲取更大的信心和勇氣。

最後非常感謝太太付出龐大的心力和時間去完成這本著作，讓我們的經歷，能夠成為其他人在移民路上的「照明燈」。

自序

移民需要一個人做 另一個人能懂

在香港，我是一個在公屋中長大的孩子；
在香港，我曾是一位在不同地產發展商中打拼的測量師；
在香港，我曾經毅然辭職去了澳洲working holiday；
在香港，我生下了兩個兒子；
在香港，我和老公當了兩年全職爸媽陪伴孩子成長；
在香港，我們帶著孩子到台灣森林學校讀書，一家人重新出發。

在台灣，我們一家人定居在桃園市的小鄉下；
在台灣，我們成爲了香港《蘋果日報》「有個台灣家」的專欄作家；
在台灣，我們用了月租港幣四千元租住了人生第一棟花園小別墅；
在台灣，我們毅然在鄉下小半山上開了第一間鐵皮屋餐廳；
在台灣，我們讓兩個孩子讀森林學校；
在台灣，我們生下了第三個兒子；
在台灣，我們再搬到了一間有私人電梯的別墅；
在台灣，我們感恩地擁有了四間餐廳⋯⋯

好像就這樣三言兩語，道出了我的前半生？哈！

移民這一回事，其實從小到大都從沒有出現過在我的腦海中。

或許人生就是這樣的有趣，當你經歷過結婚、生子、看著孩子長大的過程，人生就往往會出現一些意想不到的劇烈變化。

當我從一個自以為是事業拼搏型的女生，蛻變成一個妻子和一位媽媽後，人生的重心就不再只有自己。

緣分讓我遇上同樣地疼愛孩子的另一半，更讓我們在孩子最需要父母留在身邊陪伴的時候，毅然決然一起辭掉工作，當起全職爸媽，回家陪伴孩子成長。

沒有富爸爸的照應，也沒有幾桶金等著我們去花，我們的決定在很多人眼中，就好像是瘋了。

或許天生注定我們就是不愛理別人的眼光，在我們當了兩年全職爸媽後，為著孩子可以在一個更自在的地方讀書和成長，我們又再一次大膽行事，毅然舉家移民台灣這個我們舉目無親的地方。

有人問我們移民台灣最困難的地方是什麼？

是工作機會？是賺錢維生？還是重新適應問題？

不，我們覺得要真正可以成行，踏出移民這一步，最難就是兩夫妻都有同樣的移民信念，一起有「**拎得起、放得低、豁出去**」的大無畏勇氣。

這份勇氣，就好比哥倫布遠征的冒險家精神，而且還要剛好，有兩個傻的哥倫布遇上才能成事！

當然我們沒有哥倫布般偉大，我們不是為了什麼偉大夢想，或許就是單純地為了孩子的成長和一家人的生活著想。

我們夫妻常常笑說，如果我們沒有生孩子，我們根本不會想要移民，因為如果不需要為下一代著想，其實留在香港繼續不聞不問地上班賺錢、吃喝玩樂地生活，我們依然一無所缺。

只是神就賜給我們三個兒子，讓我們不能只為自己而活，也讓我們的肩膀負起養育下一代的擔子。

我們的移民之旅，就從一個暑假台灣實地考察旅行展開，因為孩子的理想教育和自由成長空氣，而萌起移民台灣的念頭。兩夫妻在這考察旅程完結後，就掙扎了一個月。

思前想後，雖然我們不至於懷著破釜沉舟的決心，但就是夫妻間再三確定，移民台灣這個決定是夫妻二人的共同目標。坦白講，言下之意就是：「**將來發生咩事，大家都唔好怨對方！**」

在移民台灣這個決定上，大家都沒有勉強、沒有抱怨、沒有心不甘情不願。

因為我們都知道，要離開自己熟悉的家，並不是一句想做就做的輕率決定，只要有一方不捨得走，我們就不勉強。

當我們為移民台灣做資料搜集的時候，有已經移民台灣的過來人告誡我們，一家人在台灣創業賺錢不容易，叫我們要有心理準備，夫妻二人其中可能有一個需要回來香港賺錢當「太空人」港台兩邊飛。

我還記得那一刻，我們夫妻二人在街上閒逛著，我對老公說：

「如果我們移民台灣後真的無法賺錢養活一家，我們便一家人回香港生活算了，我不能接受夫妻二人分隔兩地，就是為了賺錢過生活，我們沒有非移民台灣不可的理由！」

我幾乎是斬釘截鐵地說出這段話。

神隊友就是懂得我的心意，馬上答應。

就這樣，我們在移民台灣這回事上，定下了一個清晰的底線。

接下來，我們二人一起試著自己辦理移民台灣的手續，然後不知不覺我們由一家四口變成五口，由一間兩夫妻默默打拼的鐵皮屋餐廳開始，到今天我們感恩地經營著四間餐廳。

在移民台灣路上，找一個可以和你並肩作戰、一起冒險的人，就足以讓大家有勇氣與動力乘風破浪，繼續留在那汪洋大海中，尋找未知的下一站。

序章

還未買回程機票的長途旅行

這一本，不是教你怎樣可以移民台灣的天書或實用手冊。

但這一本，我許願，能夠成為大家在掙扎移民台灣前的心靈雞湯。

找一間穩妥的移民公司，可以協助你迅速處理各種繁瑣移民手續，但幫不了你安撫決定移民前的內心掙扎和不安。

找一間快手快腳的移民搬運公司，可以幫助你把100箱的行李家當運到台灣，但幫不了你心甘情願地把心思意念移到台灣。

找一間忠誠的地產經紀公司，可以幫你在台灣找一個美輪美奐的居所，但幫不了你把內心真正的家搬到台灣。

因爲移民這回事，不單單是瀟灑地搭上飛機，把行李搬到台灣，然後住在台灣的大屋，一家人就從此一直幸福美滿地生活下去。

一個移民的決定，是掙扎、妥協、取捨、衡量、犧牲，或許還是一場冒險、一場追夢……

這一本書記錄了我們從2017年，由當年的一家四口，變成現在的一家五口，下定決心從香港移民來台灣後的心理掙扎、生活點滴和孩子在台灣成長讀書的實況。希望透過我們分享帶著小孩移民台灣的各種實戰經歷，可以讓更多香港人認清移民台灣的美好和痛苦，成為大家站在移民十字路口上的一盞小小燈，讓大家有多走一步的信心和勇氣。

人快到中年，才要在異地一切推倒重來，幾乎要忘記從前在香港的什麼專業資格，放低了香港的那一支筆，在台灣拾起了那一個從未想過要拿起的鑊鏟，兩夫妻帶著小孩一路打拼，到了三年後的今天，我們在台灣居然變成了一家五口，也感恩地擁有了四間餐廳。

這一條高山低谷的路，有笑有淚，不知不覺間，我們一家五口原來已經悄悄地走過。

或許年輕時我們都曾懷有，那種一個人拿起背包，想走就走的瀟灑，但到了今天我們有家庭、有孩子、有車有樓、有自己打拼下來的事業、可能還有放不低又已經白髮蒼蒼的父母，才發現現在的自己，已經瀟灑不來。

要一家人有老有嫩，夫妻同心地決定離開香港，在一處新的地方重新建家，談何容易！

移民會讓你發現，原來自己也低估了自己的能力，改變生活也沒有想像中那樣艱難可怕，只是想要改變，就要有離開舒適圈的準備，不只是實際金錢上的準備，更重要是心靈上的準備。

從前大部分移民台灣的香港人都是退休人士，幾乎不用再愁在台灣要搵食養妻活兒，但時移世易，或許也是為勢所迫，現在要決定移民出走的香港人，很多時候都是帶著半點倉皇，為了下一代尋找新生活。

不要試圖在地球上其他角落找回從前的那個香港，移民就是要接受新的改變，就算台灣和香港彼此的文化語言、生活環境再相似也好，台灣終歸和香港是兩個不同的地方。

世上也沒有烏托邦，每個地方都總有它的優點和缺點，人和事都比較單純的台灣，常常給我們一種「剛剛好」的感覺，就是一處可以讓我們放慢腳步、細味生活的新家。

這個世界雖然千瘡百孔，但總是還有很多地方可以，讓我們放低執著去經歷人生，讓我們重新找回對美好生活的期盼，讓我們帶著孩子呼吸一口新鮮空氣。

移民，就先當它是一次還未買回程機票的長途旅行，不用現在就決定台灣是否是要一輩子落地生根的地方，也不要把移民看作是一條一去不返的單程路，移民這個決定，就是讓我們為自己的生活和居住地作出選擇。

讓我們先敞開心扉，為著改變生活而放開懷抱，也拿出一點心底裡曾經擁有的冒險家精神，行動吧！

第一章
移民前 思前想後

1.1

移民的 Opportunity Costs

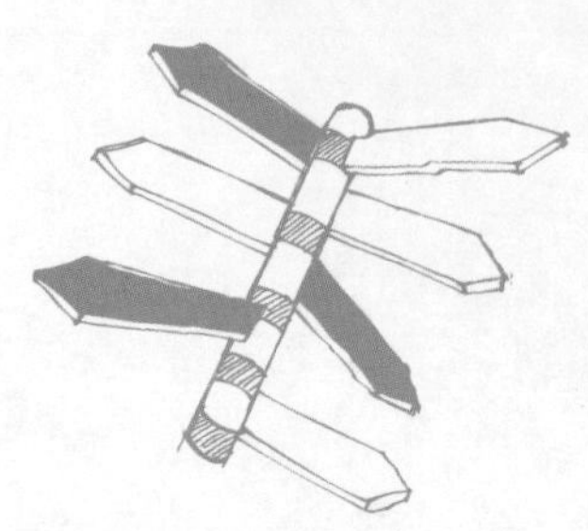

不走，我們還剩下什麼？

想走，我們要放棄什麼？

要走，我們可以走到哪裡？

走了，我們可以擁有什麼？

在走與不走的移民路交叉點上，是滿滿的掙扎、衡量、盤算和取捨。

又當我們的抉擇，不再單單影響著我們自己，還會深遠地影響著，由我們帶來這個世界的小小孩時，膊頭上如有千斤重的責任，誰敢輕舉妄動？

變數太多　難以計算

在香港土生土長幾十年，已經遠遠地超過了會夢想到外國闖蕩的年紀！

或許在香港已經打下了不錯的事業基礎，雖然沒有賺到幾桶金，但起碼能夠在香港這個日理萬機的大城市中做個偽中產，養妻活兒，有車有樓，很多人可能已經無欲無求？

第一次參觀我們心儀已久的台灣學校後，孩子們都很雀躍。

但事實上，當人可以生存後，下一步都是想追求有生活。

要離開自己熟悉的家人朋友，也要離開事業已經打下根基的地方，移民的代價，就難免會計算我離開要放棄什麼？移民後我又會得到什麼？權衡輕重利弊、計算成本支出，但這不是一條普通的計算題，因為變數太多，回報收成期也可以很長。最難計算的，是很多無法用價值去衡量的東西。

從前，我在香港是一位產業測量師（GP Surveyor），一直周旋在不同的房地產發展商中工作打拼，努力力爭上游，直到我成為了兩位孩子的媽媽，被孩子完全俘虜了我的事業心，讓我在工作上已經變得無心戀戰，輾轉下我和老公最後選擇了一起辭去工作，回家當全職爸媽，陪伴孩子度過最需要爸媽在身邊的日子。在我們當了兩年全職爸媽後，孩子都上學了，我們發覺是時候重新投入工作，重新出發。

所以，我們移民前的機會成本（Opportunity Costs），就少了要放棄香港工作的艱難抉擇！當時我們的想法是，無論我們在哪裡，我們

都要重新開始，所以就決定不如換個地方，一家人重新出發，感覺也沒差？

放手一搏　移民可以很簡單

因為機緣巧合，在台灣遇上了一間讓我們兩夫妻都很喜歡的體制外創意學校，採用類似北歐式的主題教學，學校沒有書寫式的考試、測驗、默書。我們希望可以還孩子們一個開心而又少一點讀書壓力童年，加上知道在台灣我們可以有比較容易的創業機會。就這樣，台灣就成為了我們一家人移民的地方。

說起來，好像三言兩語就交代了當年移民的決定，現在回想起來，其實關鍵在於我們移民前沒有計劃太多，有時候，當一個決定中有太多我們無法預估的因素時，執意的放手一搏，反而可能令事情變得簡單。

每個家庭的移民考量不盡相同，三年前我們做移民決定的時候沒有太多外來因素影響，要考量的，就只是我們家庭本身的因素。

移民不是一條不歸路

在移民路上的抉擇我們也掙扎了一段時間，最後還是因為腦海中浮現出這句說話，讓我們拿出勇氣，下定決心。

> **「去到台灣真的不喜歡不適應，沒有東西可以阻止我們回來香港，也沒有東西可以迫使我們要留在台灣！」**

我們沒有被迫害要非離開香港不可，也沒有被台灣綁架一定要留下，當我們想到這一點的時候，發覺其實自主權就在我們自己手裡，心裡頓時豁然開朗。

假使有一天真的要回流香港，也不見得會讓我們傾家蕩產，人財兩失。

事實上在這幾年移民了的人，真的沒有幾個想回來香港生活。

現在趁著我們還可以走的時候，找一個新地方生活，給我們和下一代一個新的機會和嘗試，不要把移民想像成一去不返的決定，我們也不需要永別香港，有時候抱著一個輕鬆的心情，先把移民看成一個很長很長的family trip，找出一點年輕時的冒險家精神，彷彿就可以出發了！

時移世易，兵荒馬亂，有些機會是不等人的。各國的移民門檻可以隨時改變，有時候想著想著，可能連最後嘗試的機會也錯過了。

移民，就是需要放手一搏！人生苦短，外面世界海闊天空，帶著孩子出去看看，有時候，真的不用想太多！

1.2

Why 台灣？

當年，當我們第一次在腦海中出現了移民的念頭，其實也有考慮過其他地方。

Sawadikap 泰國陽光與海灘？

因為King Kong爸爸是半個泰國人，又曾經在泰國旅遊局工作一段時間，經常香港泰國兩邊飛，加上他懂得泰語，所以泰國也成為我們考慮移民的其中一個國家。

我也真的有認真研究泰國曼谷、芭堤雅和布吉，這幾個香港人最熟悉的城市，小孩可以上泰國的國際學校，學費比香港的便宜多了，每月幾千元港幣起就有交易，而且泰國的陽光與海灘也是我們一家的最愛。

不過，當我想到我對泰語一竅不通，那時候我們也無法想像我們可以在泰國做什麼生意維生，加上再考慮治安、文化等因素，最後還是放棄了。

悠閒生活的澳洲？

我們也有考慮澳洲。

我和King Kong爸爸當年也各自去過澳洲的working holiday，我更沿著澳洲環島一次。澳洲悠閒的生活，讓我們也很嚮往，小孩也可以從小在英語環境中學習成長。不過旅行歸旅行，如果要我們帶著小小孩在澳洲定居維生，我們也不知如何入手。

雖然當年我是有足夠分數可以辦澳洲的技術移民，但我們深知澳洲的文化，我們華人要在澳洲當地的公司找工作其實是非常困難，加上兩地土地法規不同，我的測量師專業離開香港後就根本不再專業！而且澳洲的消費和生活成本也高，身家不夠豐厚的，要移民澳洲好像相對較難了。

比較實在的台灣

然後再看看距離香港一個多小時機程的台灣。衣食住行消費低，雖然我們在移民台灣前其實就只去過了兩三次當地旅行，對台灣認識不深，但感覺台灣也是華人地方，文化相近，最少我們不開口說話的時候，沒有人看得出我們是外地人。最關鍵的是，我們找到了台灣一間很喜歡的學校，然後再看到台灣租店面的月租只需港幣幾千元，創業成本低，就冒起開港式餐廳的念頭！

而且，台灣的房價也比香港的便宜太多了，在香港住不起花園

house，在台灣每月港幣幾千元的租金就可以夢想成真！

其實台灣距離香港真的很近，感覺和香港家人沒有分隔千里，不用坐十幾小時飛機才能相見。我的娘家在粉嶺，我和家人笑說，你當我們是搬了去長洲就好了。由長洲去粉嶺，其實最快也要三小時，跟我由台北飛回香港家的時間差不多！香港的家人要來台灣探我們也是非常方便，機票也只是一千多元，然後一個多小時飛機就到了！每天也有幾十班航班來回香港和台灣。

沒有了那份從此便天各一方的離愁別緒，這麼遠那麼近的便捷，確實令心底裡那份抉擇移民的壓力，如釋重負。

所以我們最後決定，要移民的話，就選擇台灣吧。

活在當下就是幸福

我們總是在台灣賣花讚花香嗎？常常只說台灣的好？

好的，把實情告訴你，在台灣這個地方，生活環境的確很舒適，地方大屋租平，如果你是「賺港幣花台幣」，或是根本來台灣是退休「唔使做」，那台灣根本就是生活的天堂！

但若是像我們一樣，來到台灣要從零開始做生意糊口，就真的坦白告訴你，台幣真的不容易賺！

我們的確有遇過，已移民台灣的人依然繼續抱怨，覺得自己離開香港後掉進了一個鬼地方中生活。

或許離開不等於逃避，移民到世界上任何一個角落都不能保證從此可以幸福快樂。如果心胸沒有打開，一直只是懷緬和比較過去，不能活在當下，那可能一切也是徒然。

移民目的地不止歐美

從前很多香港人移民，就一心只會想著歐美地方，現在時移世易，在考慮生活環境、消費指數和移民門檻的情況下，好像很多不同的國家，都是香港人移民的考慮之列。我就有朋友選擇移民到波羅的海國家愛沙尼亞，一心想要取得歐盟護照。

現在，彷彿就連一些大家甚少聽到的國家也有香港人選擇移民，大家各出其謀，往往都是為下一代的成長環境設想。

有沒有發覺，雖然說我們帶著小孩移民，其實認真計劃起來的時候，小孩好像去到哪裡都不難找到合適的學校和生活環境，他們一

下子就可以融入新環境。我兩個小孩也是只花了兩三個月，就練出一口台灣仔的國語腔了！反而是我們一開口就聽得出不是本地人，大人在新地方如何維生和適應才是最大的難關！

當我們打開世界地圖，看看我們身處的香港，微小如塵，再看看其他國家的版圖，真心發現，如果一輩子也只能選擇待在香港這個小地方是不是有點可惜？

我們也很喜歡香港，但生活的地方其實選擇很多！

去哪裡都好，先起行吧！

1.3

移民的黃金時間

終於下定決心要移民了，但什麼時候出發是最好呢？

等小孩開始讀書上學後？
等小孩畢業後？
等老公年底出雙糧花紅後？
等老人家身體好一點後？
等香港的樓房再升多三成後？
等存款再多個一百萬後？
還是等香港變成……

不知不覺間，原來大家在討論的，已經不是「走和不走」的問題，而是「什麼時候走？」

我們曾經在決定移民後，也是想等一年後才出發，結果卻發現，這樣的等待，太煎熬了。

我們本來也是想等大兒子完成幼稚園課程畢業後，才直接到台灣升讀小學，但在我們辦好移民手續後，明知道很快就要離開香港，但

卻還要再生活多一年，farewell的聚餐也慢慢吃完……

然後就變成想買衣服的時候不敢買，因為快要走了；家裡有東西壞掉了也不想買，因為快要走了；孩子想學籃球嗎？等我們去到台灣再學吧！想生第三個孩子嗎？等我們去到台灣再算吧！

打鐵要趁熱　移民不能拖延

一連串的等待，就像跟你預告一年後可以出發去環遊世界，那份未出發先興奮的興致，恨不得下一刻就出發，這份等待，也太折磨了。要移民，當然很不捨得香港的一切，但當心意已決，心已飛了，其實根本就不想等待。

最後我們在十一月決定開始自己辦移民手續，然後隔年二月先租下房子，一家人四月抵達台灣，五月就獲批台灣居留證了。

有時候移民，就是需要這樣的一鼓作氣！打鐵趁熱，太長的等待，更加會讓人坐立不安，總會令人洩氣！

自從我們移民台灣後，其實不時也有不同的香港朋友，表示想移民來台灣，但就是一直拖拖拉拉。想等兒子長大一點點，想在香港多存一點錢，想等自己的物業再升值一點點，最後台灣投資移民的門檻終於提升了，香港人要在台灣投資移民創業的難度也相對增大，不再是隨便開個網店一年後就可以取得台灣身份證。結果，左盼右顧之下，移民這個決定越拖越難下，一家人就更難走了。

移民是一件大事不能草率決定是真的，但往往太長遠的計劃，就總是計劃趕不上變化！

夫妻同心時就是起行時

我們覺得移民的黃金時間，就是當兩夫妻都達成移民共識的時候。

這個移民共識，並不是一個說要走，另一個就迫於無奈地接受、妥協。只要有一方心不甘、情不願，通常都沒有好結果，往往就成為日後在異地家無寧日、「你怪我、我怪你」的惡夢。

移民這個決定，其實不需要聽太多閑言閑語，最重要是決定要走的人目標一致，有同舟共濟，然後一起破釜沉舟的決心。如果幸運地，你身邊已經出現了這樣的另一半，這就是你移民的黃金時機了！

1.4

孩子，
我們移民好嗎？

有帶著小小孩移民的父母，是否也曾像我們一樣擔心，移民對小孩的成長會帶來什麼改變和影響呢？

移民和旅行　小孩傻傻分不清

大人嘛，就算去到哪裡也可以能屈能伸，「馬死落地行」，但看著只有三四歲的小孩懵懂的眼神，拉著一個小小的行李箱，根本分不清什麼是移民，什麼是旅行，就歡天喜地的跟著我們後面上飛機了。

「孩子，我們移民好嗎？」
「好呀好呀，什麼時候出發？」
孩子關心的，只是他們什麼時候可以坐飛機？
只有當爸媽的，難免會心驚膽顫。

那一刻也是擦乾眼淚，硬著頭皮上飛機，暫別熟悉的家人和朋友，帶著兩個小小孩，到一個全新的國度重新建家，又驚又喜。那感覺就像住在水族館的大魚和小魚，有一天回到大海，頓時感覺自由奔放，但下一秒鐘，便要設法在大海中覓食生存，更要瞻前顧後，生怕被大魚一口吃掉。

移民是小孩成長催化劑

有天，爸爸想在手機找一些餐廳的食物照片，偶然看到三年前我們一家人在台灣開的第一間餐廳拍的相片。

「你看，三年前他們多天真可愛！」爸爸在看著二哥三年前的相片，那時候他才三歲，一臉稚氣，相片中的他，還在餐廳幫忙抹餐具。記得那時候，我們初來台灣，還在忙於籌備開小餐廳，那段日子，幾乎每天晚餐過後，都要帶著孩子到店內DIY，一家人打造我們的第一個小天地。

三年的日子，在我們成年人身上，可能就是多了幾根白頭髮，臉上多了幾條魚尾紋，日子還是日復日的溜走，但在孩子身上，才真正看到日子的流逝是如何飛快。

三年前的幼稚園生，現在已經變成「小學雞」，從前一句國語也不懂說，現在兩兄弟是完全的台灣腔，有時候他們在同學面前說國語講得太快，就連我們也聽不懂，然後每天都學了很多國語小學雞笑話回來，也練成可以一秒轉換國語和廣東話，最近還開始說起幾句台語呢。

雖然孩子現在還是一個小二、一個幼稚園高班，但他們每天已經是自己起床，刷牙洗臉換校服，然後便自己騎單車上學去了。

移民好像也成為了孩子長大和獨立的催化劑。

一家人齊齊整整　仲想點呀？

當然，就算孩子在香港生活也一樣會成長，有時候我們也會想像，如果我們從來沒有移民，現在還在香港生活，大人和小孩的生活會變成怎樣呢？

我們大概也是上班的上班，家中繼續有工人姐姐照顧兩個小孩，放假時出國旅行，但在香港我們實在沒有踏足餐飲業的本事，更加沒有生第三個小孩的勇氣。

移民路上處處驚喜，我們不敢誇口說我們當年的選擇，能為小孩帶來什麼成就。只好說這條路確不易走，高山低谷，沒有一朝得志，沒有富爸爸做後盾，更沒有坐享不用工作就有的自由現金流，只是感恩上天眷顧，讓我們一分耕耘一分收穫，一家五口，衣食住行總算無一所缺。

看著三個小孩在身邊一天一天成長，每天最開心的就是上學，享受著台灣寬敞的生活空間，吃飽穿暖，一覺睡醒，一家人齊齊整整平平安安在身邊。

在這個世代，只好回廣東話一句「仲想點呀？」

大人好，小孩也好，知足便會常樂，世間哪有完美和不敗樂土，大家都共同決定好了，就沒有什麼後悔不後悔。

孩子嘛，有父母在身邊陪伴成長就已經是最好了。

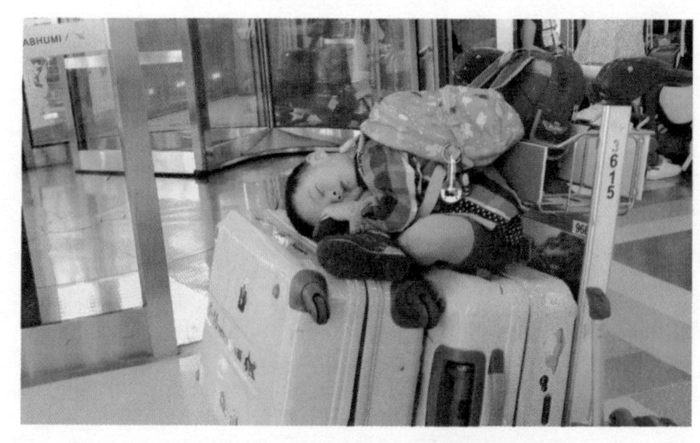

讓孩子服兵役的勇氣

曾經有香港朋友問我，是否擔心我們從香港移民台灣後，兩個兒子將來要在台灣服兵役？

作為有三個兒子在台灣入籍的媽媽，對於將來他們要在台灣服兵役這回事，老實說，我是慶幸他們有這樣一個可以讓他們變為男子漢的訓練機會呢！

究竟將來台灣會不會真的打仗，陷入戰爭局面？這是只有神才知道的事情。

在我們的餐廳招聘人手的時候，往往都會遇上很多剛服完兵役的小男生，有時候我們都會問他們服兵役的情況，很多時候他們都會說，服兵役那幾個月，是他們人生中最難忘的一段經歷。畢竟現在的年輕人都沒有什麼吃苦的機會，這段服兵役的日子讓他們離開家中的安樂窩，接受體能和軍事訓練，是一種對年輕人很好的磨練。

根據台灣現時的法例，凡在1994年1月1日以後出生的役男（服役適齡男性）需要接受四個月的軍事訓練。1993年12月31日及以前出生服現役期間，不分軍種兵科均為1年。

縮短為只有四個月的軍事訓練，有人說那其實變得有點像Summer Camp一樣了。

其實，現在我們兩個兒子在街上看到穿著軍服的軍人時，都會肅然起敬，或許這個年紀的小男孩對做軍人、要學開槍、運用武器等事情都非常著迷和充滿幻想。

想當年我和老公在讀中學的時候，也去過黃埔軍校接受過幾天的「軍事訓練」，要把毛氈摺成「直角」長方型，晚上半夜還要突擊訓練，所有人也要分小隊通宵當值，當然還有射擊訓練、坐水陸坦克車等難忘的經歷。

當然這些小兒科的軍事訓練，不能和在台灣服兵役的訓練相提並論，但我仍相信，服兵役是一個很好的機會，讓孩子學懂如何保護自己、保衛國家和認識危險。

做個有擔當的男子漢

香港人移民台灣，入籍時超過36歲的男子便不再需要服兵役。

其實也有聽說過很多比較年輕就移民台灣的香港男子，用盡千方百計令自己不用服兵役！

曾聽過最極端的做法是吃荷爾蒙藥讓自己超重，甚至是令自己患上扁平足呢！

那又何苦呢？可能還有不少人對移民後在台灣需要服兵役都是聞風喪膽，但其實很多本地台灣男子，卻視服兵役為一種光榮的義務。

或許我們這一代對國家的觀念並不重，但我仍然期望我們的下一代，就算沒有什麼保家衛國的偉大貢獻，也可以做一個勇敢承擔責任、光明正大的男子漢。

世上有危險的事情太多了，一輩子窩在家中，也不見得可以永遠逃避危險。

為人父母的，當然會擔心自己兒子的安危，但又有誰願看到自己的兒子，想盡千方百計，甚至不借傷害自己的身體去逃避責任呢？

有權利就有義務，倒不如認真準備接受挑戰，讓他們將來更懂得保護自己和身邊的人呢！

1.5

媽，我們帶孫兒移民可以嗎？

要一家人移民外地，有朋友說最難便是過長輩的那一關。

記得當年從試探長輩的口風開始，到著手籌備移民，再到真的離開香港搬來台灣時，都是一路闖關過來。

感激父母放手

移民本來就不是只有我們一家五口的事，把老人家的寶貝孫子帶走也確實不容易。感激我們的父母都很開明，很尊重和理解我們的決定。

還記得在我們移民台灣的第一年，婆婆第一次一個人坐飛機來台灣探望我們，一路上我們都用電話緊密聯繫，怕她走錯路上不到飛機，婆婆說過海關的時候，也不知道對方跟她說什麼，反正就是咕嚕咕嚕的胡混過去！

終於在接機大堂見到婆婆的那一刻，大家也放下了心頭大石，婆婆還露出沾沾自喜的笑容，我們也讚嘆她完成了人生其中的一件創舉！

對於國語完全不靈光的長輩來說，要一個人坐飛機來探望我們，心底裡其實也需付出很大勇氣和愛才可做到呢！

想不到三年後的今天，長輩們已經完全克服了一個人坐飛機的恐懼！

去台灣就像過海

有一個早上，老公電話突然響起，電話中傳來嫲嫲的聲音。

「阿仔，我依家喺機場！」嫲嫲說。
「哦，你要去邊度呀？」老公問。
「我買咗機票嚟台灣！下午一點鐘到，你嚟接機啦！」嫲嫲給了我們一個意外驚喜。

還好我們那天有接到嫲嫲的電話，然後便匆匆忙忙地開車去機場接機。因為我們忙於餐廳的營運，常常要帶著三弟到餐廳，加之遇上台灣的四日連假，我們還要兼顧三個孩子，所以嫲嫲有空便立刻過來台灣幫忙我們照顧三個寶貝孫兒。

長輩們來台探望我們，就像在香港「過海」般方便輕鬆！

嫲嫲說原來他前一日買機票，14日的來回機票連稅才港幣一千二。我們接機的時候，我跟嫲嫲笑說，還好我們只是移民台灣，不是移民到加拿大，她才可以像過海一樣，說來便來，多輕鬆呢！

港台兩邊飛　長輩樂在其中

現在看到我們香港的家人也慢慢接受了這樣「港台兩邊飛」來探望我們，長輩們輪流每隔幾個月便飛來台灣和我們小住一段時間，像旅行般輕鬆，既可以探望寶貝孫兒，又不用捨棄香港熟悉的生活和親友，他們反而樂在其中。

以前在香港的居住環境太小，反而從來沒有一起住的相處機會，現在久不久一起小住兩星期，反而有一種小別勝新婚的感覺，和香港的家人關係比以前更親密呢。

營造在一起的感覺

一家人從香港移民來台灣，其實心底裡最不捨得的，就是香港的家人。

雖然我們每隔數天便會拉著孩子和香港的外婆和嫲嫲進行視訊通話，努力營造香港的家人參與孩子成長的機會，彼此隔空唱著生日歌，隔空拜年喊著新年快樂……

其實大家心底裡都知道，有些事情、有些陪伴、有些感情，是不能靠視訊電話去代替的。

曾經，我們都會試圖遊說香港的家人，留在台灣一起生活。

「我在香港生活了大半輩子，我也不懂說國語，也不會開車，我已沒有離鄉別井的勇氣了，你們在台灣生活開開心心便足夠了……」有一晚，我的媽媽欲言又止的說著。

感謝我們的父母放手讓我們飛，感謝他們也放手讓他們的孫子離開身邊。

沒有離開過，有時候人就是不懂得珍惜，從前住在香港的時候，家人就住在附近，常常見面，沒有機會體會那種掛念家人的感覺。

偶然看到長輩望著兒孫們不捨的眼神，讓他們無奈地在兒孫成長路上缺席，我知道，是他們的無私，成就了下一代追夢的任性。

1.6

辦理移民手續開跑！

移民最好是自己辦，還是經移民公司？

先旨聲明，最近的移民台灣潮兵荒馬亂，「今日唔知聽日事」！現在移民手續自己辦還是經移民公司辦，成功機率皆成未知之數！而且移民台灣的手續和門檻確實天天在變，這裡只是給大家一個辦移民手續的概括觀念喔！

台灣投資移民DIY

香港人移民台灣通常最常見都是用投資移民方式，當然如果家裡有直屬親人是台灣人，也就可以用更簡單的依親移民。

2017年時，我們是自己辦理移民台灣的手續。因為當年都不算是移民台灣的高峰期，所以我們就沒有什麼時間限制的，慢慢自己一邊上網，一邊研究辦移民台灣的手續。

我們當年辦移民，只是用了兩三個月便完成，辦移民重點是要看每個家庭願意花上的時間和金錢。

可能有不少有心辦移民的人，都會覺得移民手續好像萬事起頭難。

其實只要在網上多找資料研究，當然也需要付出時間，移民台灣手續其實也可以自己做。

1. 首先，親身到金鐘的台北經濟文化辦事處走幾趟，把一家人的出世紙、結婚證書等文件做認證；
2. 然後，自己親身飛到台灣的移民署申辦統一編號；
3. 同時聘請一名台灣會計師，處理投資移民公司的開戶及計劃書事宜（費用約四五萬元台幣）；
4. 文件齊備後，便可以親身到台灣銀行開公司戶口；
5. 匯入台灣銀行投資移民所需的六百萬台幣結款；
6. 最後，全家人需要在台灣本地醫院做移民身體檢查。

在這過程中，需要自己親身飛來台灣幾次辦理相關手續和與會計師見面，所以如果是心目中已經對在台灣做生意、定居點、找學校等有計劃，也喜歡在網上爬文找資料，願意多花時間自己親力親為，台灣手續也是可以由自己一手包辦。

移民公司事事代勞

如果想在辦台灣移民上更有把握，當然也可請移民公司代勞，畢竟他們對處理台灣移民手續事宜、政府部門、各方人脈比較熟悉和有經驗，尤其是近年港人移民台灣的人數大增，審批移民的成功機會充滿變數，遇著有什麼困難或突發事件時，有一間可靠的移民公司幫忙，讓我們不至於求助無門。

其實我們在出發前，在香港也有參加過一些移民公司的移民講座，一般移民手續收費約港幣六至八萬，服務範圍大約包括替客人收集資料、在香港辦理文件的認證手續，然後在台灣有專人幫忙申辦投資移民公司戶口事宜、開辦公司銀行戶口、成立公司的計劃書、投資移民匯款等，服務至客人可以獲取台灣居留證為止，聽說有些移民公司也會在台灣創業上給客人意見和評估，幫忙接洽在台灣加入加盟店做生意等。

其實移民台灣要自己辦還是經移民公司代勞，都需要每一個家庭在經濟、時間和個人經驗上的考慮。當年我們在移民台灣前是全職爸媽，時間上比較充裕，所以我們最後決定自己辦移民手續。我們也有認識一些已經移民台灣的家庭，很喜歡有移民公司的專人為他們事事代勞，隨傳隨到，花錢買安心！

其實移民這回事上，自己也要多做一點功課，無論是選擇哪一條路，還是要有踏出第一步的勇氣比較重要！

移民台灣手續及流程參考

雖說我們這本不是移民台灣的工具書，但這裡也為大家簡介一下，最多人採用的兩種移民方式：投資移民和創業家移民。（以下資料由朗峰國際移民提供）

台灣投資移民（2020年公佈的條件）

台灣投資移民是中華民國針對港澳居民實施的特殊移民政策，只需投資超過新台幣六百萬成立/入股台灣公司，便可以台灣投資移民方式快速取得台灣居留身份（居留證），再配合居住條件最快一年獲得台灣的戶籍（護照），且不需要取消港澳身份，是現今移民台灣最簡易快捷之管道。

申請條件：

- ☐ 港澳永久居民（特區護照/BNO都可）
- ☐ 不具港澳居民以外其他國籍
- ☐ 投資新台幣六百萬成立/入股台灣公司
- ☐ 最少營運三年，且每年維持聘用至少兩名台籍員工
- ☐ 無犯罪紀錄
- ☐ 體檢報告及格
- ☐ 有台灣戶籍公民擔任保證人

台灣創業移民（2020年公佈的條件）

台灣創業移民是中華民國針對有志在台灣創業人士推出的移民政策，創業團隊在投資金額上沒有設立最低要求，只需經營「具創新能力之新創事業」即可取得「創業家簽證」，再滿足特定條件最快可五年獲得台灣的戶籍（護照）。

申請條件：

☐ 港澳永久居民或其他國家國籍（不包括中國國籍）

☐ 高中以上學歷

☐ 在台灣投資成立公司

☐ 無犯罪紀錄

☐ 體檢報告及格

☐ 有台灣戶籍公民擔任保證人

投資/創業移民辦理流程

如果是希望透過移民中介公司辦理移民手續的流程是怎樣呢？

1. 面談評估
2. 公司名稱預查：預查將成立的公司名稱是否合符台灣法規/已被使用。
3. 在台灣辦手續（第一次）：
   - 申請台灣統一證號
   - 開立公司籌備戶口
   - 辦理健康檢查手續
4. 準備投資計劃書：申請人需要向台灣當局提交投資計劃書，移民公司的文案團隊比較熟悉台灣官方要求，會替客人撰寫計劃書。
5. 匯入股本和結匯：投資計劃書成功通過台灣當局核准後，則可以由申請人個人帳戶匯投資款到台灣公司帳戶，金額不設下限。
6. 在台灣辦手續（第二次）：
   - 辦理台灣登記成立
   - 國稅局報到及面談
   - 取得台灣居留證（投資移民）/取得台灣「創業家簽證」

1.7
六十箱行李大遷徙

香港搬運公司幫我們打包行李時，幾乎把村屋外的行人路都塞滿了。

其實從有移民的念頭，到了真的可以排除萬難，解決了一切移民手續上、家人、朋友、工作上等的「手尾」，最終落實，把我們的身外物打包成行，過程一點都不簡單！

一生只能承受一次的移民搬家

尤其像我們一家有大有小的，要從香港把所有衣服、玩具、文件等執拾分類、打包，再把家當運來台灣，這簡直是一生人只能承受一次的吐血創舉。

移民搬運公司一般都會提供大量紙箱、氣泡紙等打包工具。我們打包的時候，首先便要把東西分類，否則一開始亂放一通，到了台灣要unpack時，那份痛苦將會是雙倍奉還。

我們在台灣第一個住的地方，是一個四層高的小別墅，所以我們在分類東西時，就要先想好手上的東西是放在哪一層、哪個房間使用。這是方便將來到了台灣時，搬運工人可以把物品直接放在適當的房間裡。所以每個紙箱外面都要清楚寫明是哪一個房間、哪一層使用，也要簡單分類寫好紙箱裡面大概放了什麼東西，最後就在紙箱上寫上編號，再把各編號及其物品種類記錄在船運清單內。

有些東西是不能放進紙箱內用船運，例如執拾廚房的東西時，記得不要把食物混在物品裡面！！

可能也有很多過來人說，當年我也放了什麼什麼運來台灣也沒有問題。這些只是搬運公司提醒我們，沒查到的當然沒有事，當然誰也不想因為紙箱內有一包冬菇，而令整批海運行李被海關扣查吧！

台灣海關有列明限制海運及禁運入境的物品，例如植物、食物、藥物、種子等！連黃金也不可以用海運，所以小心不要把那些結婚金器誤放在船運的行李中！否則有可能會延誤整個清關程序呢！

還有要注意台灣的電器是用110v電壓，所以大家要考慮清楚，是不是要將香港家中的220v電器帶到台灣繼續使用。除非你將台灣家裡的部分插頭轉用220v電壓，否則便要加變壓器才能使用，所以來到台灣再買新電器好像比較簡單。

只此一次的免稅海運

因為這是屬於「後送行李」的移民海運，所以在海運的東西到達台灣清關前，我們一定要入境台灣，入境時再主動向關員出示船運清單及讓他蓋章，及告知有移民後送行李。我們那次也有問台灣關員，下次再入境台灣時可否再以後送行李的方式，把其他在香港的大型行李船運到台灣呢？但他說移民後送行李免關稅的機會只有一次喔！

船運公司在香港收行李時，會即場將行李打包在大木棧板上，一般船運公司收費也是以每板行李去計算。如果船運公司收好行李後，我們不是立即出發到台灣，當中也可能涉及行李在香港的存倉費。船程一般約三天，加上前後清關的過程一般需七至十天。

我們一家大小最後有四板家當約六十箱要運到台灣呢！打包行李的時候簡直讓我們懷疑人生！一個家真的需要這麼多東西嗎？到了台灣新居好不容易打掃後稍為安頓，但門鈴一響，打開門看到飄洋過海而來的六十箱行李，放滿了兩台貨車，等待我們unpack！

我心裡快要崩潰地狂罵：「我這輩子不要再移民了！」

移民搬運公司資訊分享

真的要出發移民的第一步，最重要的或許就是找一間可靠的移民搬運公司幫忙，把我們的大小家當，平安穩妥地送到我們的新家！

沒有親身用過的不敢和大家分享，所以我們就把當年用的移民搬運公司資訊和大家分享吧！

全靠他們提醒怎樣善用每一板海運貨物珍貴的空間，也讓我們在出發到台灣和在香港搬出物業後的真空時間，讓我們先把要托運的東西，寄存在他們的貨倉內，更重要的是全程幫我們緊密監察貨運船期的狀態，家當順利到達台灣清關後，也預早提醒我們六十箱的行李快要到來，讓我們好有心理準備！

專業移民搬運公司：司域有限公司

聯絡電話：(+852) 24022337

海外移民搬運專員：Mr Raymond Fung, Ms Canny Ngo, Mr Jamie Fung

移民台灣手續小貼士

隨著移民台灣申請的人數近年暴增，台灣政府也逐漸將投資移民的資格審批收緊，一間熟悉政府部門流程和人脈的移民公司，可以增加整個移民台灣的成功機率！

以下就是專門只做台灣移民手續的「**朗峰國際移民**」，給我們有關移民台灣程序和手續上的小貼士！不過提提大家，這些移民資訊天天在變，大家還是要時刻更新最新移民台灣的動向囉！

怎樣選擇投資移民公司？

移民公司的經營五花八門，以下是朗峰給大家的建議：

- 選擇專業有牌的移民公司
- 有成功申請數多
- 熟悉台灣移民的流程
- 港台兩地全部自家公司跟進不外判
- 台灣及香港兩地手續均有移民公司職員陪同
- 價格透明清晰，無任何隱藏收費
- 可分段式付費
- 不成功申請可全額退費

怎樣可以增加成功投資移民的機會？

在撰寫台灣投資移民計劃書時，朗峰提醒可申辦經營一些本身申請人在香港有經驗的生意或行業，多引述申請人在香港有關行業的經驗，增加投資移民生意在台灣持續經營的可能性。另外也避免以一些比較需要申請特別牌照的行業作投資移民生意。

現時申請移民台灣需時多久呢？

以往經朗峰由申請至完成手續平均需3至4個月，但2020年申請個案增加，現時需花近半年。

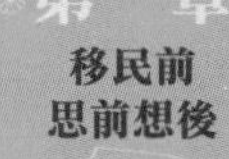

年輕人也可以移民台灣嗎？

近年移民台灣申請人趨年輕化，早前有21歲、剛在當地大學畢業的港青，向父母借600萬台幣申請投資移民，在台開店賣二手書及咖啡，花了約5個月已獲批居留證，有望正式移民台灣，但台灣工資低、營運公司亦不易，年輕人也勿急於決定。

另外年輕人也可在台灣就讀大學，畢業後回原居地工作2年，以服務原居地2年的工作記錄，就可申請移民台灣。這方法最大的困難在於你在台灣讀了4年書，累積了一定的人脈及經驗，卻要全部放棄回到香港工作2年，在香港工作2年後又要放棄所有才能到台灣，所以用這方法的人不多。

相較下，比較多人選的另一個方法是在畢業後，以評點制的方式直接留台工作，工作滿5年就可以入籍成為台灣人，不過困難點是必須這5年都要有公司僱用。

我在香港是專業人士，可以申請專業移民嗎？

台灣專業移民是中華民國針對擁有港澳專業人士資格的移民政策，無需作任何投資，主要針對會計師、律師、醫護人員等專業人士，以台灣專業移民方式便可快速取得台灣居留身份。

很多人誤會專業移民到台灣後要做回相關工作，實際上是不需要的，而且也有困難，因為兩地的牌照不相同。專業人士只需在台住滿一年更可以入籍台灣，成為台灣人，同時無需放棄香港身份。

關於朗峰國際移民：

自2014年一直專注服務香港人移民台灣及台灣置業服務，直到2020年4月30日為止，服務529個家庭成功取得台灣身份證，是香港首家專注台灣的移民公司。

朗峰多年來一直只專注台灣，非常熟悉台灣移民、經商及房地產的流程及法規，讓你在移民過程中安枕無憂。另外，朗峰更特設台灣在地客戶服務團隊（都是香港人），專責跟進客戶在台灣的生活細節，如申請健保、換領車牌、租屋買屋等，讓客戶可在台灣安居樂業。

台灣移民牌照號碼 C0251

朗峰國際移民網址：https://www.deluxe-immi.com/

第二章
移民後
柴米油鹽
大作戰

2.1

台灣定居地怎樣選？

我們一家人移居台灣後，常常有很多朋友問我們，如果要移民台灣，該到哪個城市定居呢？

地大物博的台灣

說真的，台灣說小也不小，光是一個桃園市已經比香港的面積還要大！

台灣主要受香港人歡迎的有六都：台北、新北市、桃園、高雄、台南、台中。

就像是新北市的林口區和淡水區、桃園的青埔區、台中的北屯區都是很多香港人選擇移居的地方。這些區靜中帶旺，生活機能和都市規劃都有著香港的影子，而且租金比台北市便宜。

我們都是來了台灣，才發現原來台灣不同的城市，無論在文化、生活環境、營商環境、氣候等也有很多不同的地方！

當初我們都是因為孩子學校的緣故，所以早早選定了桃園市邊緣旁的小社區，我們沒有預先考究太多各地方的特點，便誤打誤撞地選

了落戶桃園。

我們選擇桃園，除了因為方便孩子上學外，也考慮到桃園有國際機場，我們往返香港也方便，而且感覺有機場在附近的地方，天災應該比較少，相對來說是那裡交通網絡、生活環境和地區治安應該相對穩定。

還是喜歡當個城市人

從前我們在香港也是住在新界郊外的地方，習慣住在比較寧靜休閒的小社區，所以有很多香港移民會選擇的大城市例如台北、新北市、高雄市等，就早早不在我們的考慮之中。

當然，其實還有不少香港人，也難捨在香港城市那便利的感覺，有的香港人也沒有開車習慣，所以也只好選擇在有大型捷運配套的地方居住。

在台北、新北、高雄等大城市，因為有捷運配套，交通網絡也比較完善，就算香港人來到這邊不開車，生活上也沒有太大困難。而且這些大城市的生活環境和香港類似，雖然居住環境沒有其他台灣地區那樣廣闊，大多也只能選擇居住在公寓分層單位，但相對香港來說，那租金還是比較便宜，附近社區吃喝玩樂、港式點心、港式茶餐廳等也一應俱全，對很多喜愛台灣但又不想擺脫做城市人感覺的香港人，他們很多都選擇落戶這些大城市！

鄉下享受好山好水

當然，也有另一批香港移民會像我們這樣，選擇比較安靜的小社區定居。住在這些鄉下地方，生活空間比較大，當地人也比較單純隨性，衣食住行消費也相對便宜，所以在宜蘭、花蓮等地也有不少香港人聚居，在當地做民宿主人或有關旅遊的生意，享受當地好山好水的天然環境。

宜蘭、花蓮、台東等地區，緊臨太平洋，風光如畫，但卻常常受颱風和地震影響，當颱風來襲道路受阻時，那往往便成為與世隔絕的地區。

適合便是最好

其實，在台灣找適合自己定居的地方，也是很視乎每個家庭對生活上的要求，所以沒有說哪個城市是最好。

你的好和我的好，也不盡相同。

就像我們這些帶著小小孩來移民的香港家庭，也要找到孩子讀書和我們做生意的平衡點，所以我們也建議，大家如果真的有興趣移民台灣，不妨找個長假期，來台灣心儀定居的地區小住兩星期，親身感受每個地區不同的生活環境和節奏，感受社區中衣食住行的真實環境。

在初步鎖定心儀地區後，也可以運用台灣591等找房子網站，開始了解當地房價和屋苑分佈，從「睇樓」開始，了解當地社區的居住環境，尋找適合自己建立第二個家的地方！

來台灣移民和旅行的感覺有很大不同，到了要考慮住在台灣哪一區的時候，就要學會放下當遊客的濾鏡，並非風光如畫、好玩好吃的地區就是家。

從孩子學校的選擇、做生意地區、鄰近國際機場、交通運輸、居住環境、可接受租金水平等等因素，決定在台灣哪裡建立第一個家。

移民這回事，也需要自己親力親為，事前多來台灣實地考察，了解自己的需要，也感受台灣不同地方的生活環境，但願大家也找到自己喜愛的一片天空，趕得及呼一口新鮮空氣。

2.2

租樓還是買樓？

移民到台灣後，常常會碰到素未謀面的台灣人，當知道我們是香港人後，都不約而同地問我們：「你們現在住的地方是租還是買的？」

是因為香港人喜歡買樓炒樓的形象太過深入民心嗎？

不否認，香港人真的很喜歡投資物業，在香港有樓在手的人，好像才可以有機會幾年內「身家」翻倍。在過去那十年中，只要你努力賺取到買第一個物業的機會後，即使你閉上眼睛，隨便買一個物業，在這十年內樓價可能已經翻了兩三倍以上。

不過，台灣人並沒有很熱衷房地產投資，很多住宅物業的投資租金回報也不超過兩厘，台灣的住宅買賣相對香港市場來說，也並不活躍。

移民新鮮人做按揭不簡單

像我們辦投資移民來台灣的香港人，第一年來台只取得居留證身份，最快要一年後才可以正式申請台灣身份證，成為台灣公民。而在未取得台灣身份證前，如果是以外籍人士或台灣居留證身份買樓，一般也不可以取得銀行房屋貸款，就是買樓要一筆過付錢！不過最近聽說，台灣的匯豐銀行有機會可以做到五成按揭？

不過，我們這些移民來台灣的新鮮人，在沒有台灣本地信貸記錄的情況下，就算要申請信用卡時也要過五關斬六將，我實在沒有信心要向銀行借錢做按揭，大家可以去試試看認證一下。

其實初來台灣報到，在台灣東南西北部的各市各縣也未分得清楚的時候，或許真的不用心急在台灣置業！

置業投資回報率低

我們在台灣的第一個家，月租台幣一萬五！

畢竟從前我在香港當了差不多十年的測量師工作，所以我們在香港也常常留意房地產的走勢。現在來到台灣後，我們也喜歡研究這裡的房地產市場和投資回報。

其實台北以外的地方，房價比香港的便宜很多，二三百萬港幣便可以買到一棟四層高別墅。同樣的租金，在台北以外的地區就可以住得大一點、環境寬敞一點，港幣六七千元就可以輕鬆租到一棟花園別墅。

我們來到台灣也不時仍會心動去「睇樓」，但說實在，租金回報也真的不吸引。在這邊當房東，也常常要為租客提供全屋基本家電和設備，在台灣租一棟別墅才是港幣幾千元，所以在台灣做房東確也不太寫意。

經歷過移民後，心裡總會覺得世事難料，很多事情往往計劃趕不上變化，五年後我們一家人會住在哪裡？我確實答不出來！彷彿離鄉別井後，一家人去哪裡也沒有太大的負擔和包袱，說走就走的日子，不足為奇。如果真的要搬家，可能是為生意、可能是為孩子升學？可能性好像有點太多！

Cash Is King

我們來了這些年都沒有打算在台灣置業，其中一個原因是因為我們在台灣開餐廳做生意，還是覺得人在異地，有現金在手，心裡比較踏實，要開分店也好，要應付什麼緊急情況也好，再加上在台灣要賣出一個物業，所花的時間可能是香港的好幾倍，手握現金，「冇樓一身輕」，也未嘗不是一件瀟灑好事！

租樓實用小知識：

◎ 如需辦入籍，在簽約前要先跟房東確認，因為房東要讓你入籍，他就要上報那物業是作為出租用途，這樣會令他房屋稅金增加，所以房東一般會要求增加的稅金由租客支付，記得要把這些條文寫在租約上！

◎ 初來台灣生活的香港人，可以選擇先簽一年租約，不用心急一開始就簽長約！

2.3 我家別墅有電梯！

香港人對心目中的dream house都很有憧憬！向海的、過千呎的、有三間房的、有大露台的、有高樓底的、有花園的……

我們一家在香港土生土長，已經習慣了香港的土地問題！在香港能找到一個幾百呎的地方，一家人窩在一起，已經是一件很幸福的事情！來到台灣第一次看房子的時候，已經教我們這些香港人又驚又喜！

香港車位租金　夠住四層高別墅

「這棟別墅四層高，約二千呎，沒什麼裝修，月租台幣一萬五，租金已經包含管理費和一個車位！」經紀朋友帶我們到桃園郊區的別墅區看房，這個社區有酒店、有會所、室內冷暖水泳池、大草地、棒球場，對香港人來說絕對已達豪宅的級數。

「這間屋有鬼的嗎？」聽到這樣的別墅租金才港幣三千八（台幣Vs港幣匯率約4:1），這是我第一句跟老公說的話。

我和老公都幾乎不敢相信自己的耳朵，我們也知道台灣的房價便

我們用約港幣八千元的租金，
就可以住有私人電梯的大屋！

宜，但都不知道房租可以便宜到這個程度！

港幣三千八百元，現在還夠在香港租一個車位嗎？離開台北市外的地方，買一棟別墅也不過是港幣百多萬起，百多萬在香港連一間未補地價公屋也買不到吧！

四層高的別墅，三房三廁兩廳、四個露台、主人房有六米斜頂樓高、主人房廁所有大浴缸和按摩淋浴，停車位就在別墅的大門前，這裡還有二十四小時的保安，也有專人為你打理門前的小花園和收集垃圾，出入也有保安叔叔一邊跟你說早晨，一邊替你打開車閘。

這樣豪宅級數的別墅，是不是所有香港人夢寐以求的dream house？雖然我們住的地方不在市區，一定要開車出入，但在這裡，每個月付上港幣三千八百元，便可夢想成真了！

親友常常問我們，在台灣的生活習慣嗎？我只能苦笑，我們就是不習慣要每天打掃四層高的房子，我們要靠兩個掃地機械人來幫忙打掃。

在香港說出這樣的話，定必遭人反白眼或「五行欠打」呢！

有些香港人可能不喜歡台灣的鄉下感覺，但相信十個香港人有九個半，也不能抗拒台灣的居住環境！在台灣，簡直讓香港人從土地問題中釋放出來！

「你的家為什麼這麼小？」

「哦！你們的家這麼小呀，真的要住四個人嗎？」有一次，一個台灣的水電師傅來了我們家時說！

天啊！原來二千呎的單位，對台灣人來說，只足夠讓兩個人居住，難怪我們後來發現，我們的鄰居大多只是一對夫婦居住，我們是絕少數一家四口「窩在」二千呎別墅的家庭！

這樣的價值觀對香港人來說簡直是匪夷所思，二千呎住四個人也不夠，這句說話在香港說出來，會給人家臭罵呢！台灣人也真是太幸福了吧！

不是李嘉誠　也有私人電梯

我們在這別墅住了兩年後，有一天機緣巧合下，看到了在學校對面的全新花園別墅社區有一個放租盤，考慮了大半天，我們很快便決定把它租下來。

在這個新的家，兩個孩子走路三分鐘轉個彎便到學校，他們每天可以自行上下課，不用我們接送。這個新家是全新的花園別墅，租下來的時候，牆身還是本來的水泥牆，房東幫我們全新刷油漆、安裝冷氣、窗簾、玻璃遮雨篷等。

這個新的家有三層高，總面積差不多有三千平方呎，前後有小花園，門前可以停兩台車，有二十四小時保安管理，還有呢，這間別墅居然有自己的私人電梯！香港人做夢也不敢想自己的家裡可以有私人電梯！

最初我們也很「大鄉里」，以為電梯保養費會很貴，或是用電量很高，結果我們每月的定期維修才台幣一千元，電梯保養員跟我們說，一台變頻式家用電梯的用電量，其實比抽濕機還要小！事實證明，電費真的沒差多少！

「李嘉誠的大屋可能也是差不多這樣吧？」有香港朋友來探訪我們時笑說。

這樣一個全新電梯花園別墅，每月租金折合成港幣八千元有找！劏房的價錢，不用做富豪，在台灣就可以住豪宅了！

不是曬命，不是吹噓，光是在台灣有這樣的住屋環境，就讓我們回不去香港了！

2.4

台灣買車攻略

我們真心覺得在台灣買車實在太重要了。

尤其是我們不住在捷運火車系統旁邊的地方，沒有車就等於沒有了雙腿，而且移民初期往往要四處跑來跑去辦大小不同的手續、看房、看學校、買家具等，所以移民台灣後就立即有了買車的念頭。

中古車里數高　買新車較划算

當時還是一家四口的我們，已經一心想著要買一台七人車，因為想方便香港家人來台的時候，也有比較多空間接送或一起出遊。

所以我們就由尋找二手七人有趟門的中古車（二手車）開始，但最後老公發現，在台灣符合這個要求的選擇只有兩款，而且看過網上的車價行情，大概十年車齡，而且已經行駛高達二三十萬公里，車價也要台幣四十萬（港幣約十萬）！行了幾十萬公里的車，在香港大概只有在劏車場才可以找到吧？！

在香港買兩三年車齡的中古車，行車里數也只有幾萬公里，車價大

概快要折讓近一半了。大概因為車在台灣來說是必需品，不只是週末才開車出來玩玩，所以大家都普遍接受二手車里數多，幾乎是必然的事。但二手車折舊率低，相對來說真的不抵買！

台灣車大多本地生產

所以左看右看，怕里數高的車七勞八損，將來維修費用也高，最後我們決定還是買一台新車好了！

台灣有許多車款都是本地生產，買大部分品牌的新車原來是有約5%－10%的議價空間的。買車前做足功課的老公，就常常在參考其他人在網上分享的購買新車清單和議價成果。最後，我們買了一台零件是日本製但在台灣組裝的趟門七人車，同一款車在香港買，日本直接入口，就比在台灣買貴了港幣兩三萬元。

不過因為我們買車的時候，只有持有台灣的居留證，如果需要買車貸款，就要找一個有台灣身份證的本地人做擔保，所以最後我們決定用投資移民開的公司名義，買入這一台新車，也沒有做買車貸款了。

在台灣買新車的「使費」和香港的大同小異，就是需要辦強制汽車責任保險，新車買全保，一年的費用大約是台幣兩萬多，不過這些都是因車和各人不同的需要而言，這裡只是給大家一個基本概念做參考。

到領牌的時候，就要繳付牌照稅和燃料使用費，汽油車1800cc以下的費用大約台幣一萬多元。

當然如果大家是買新車的，也可以讓賣車從業員幫忙辦理一切手續，用錢便可以解決煩惱。

新車先租後買

另外，如果不想初來台灣便一次過繳付大筆現金買車，我們有認識移民台灣的香港朋友採用「租賃購車」的方式去解決用車的需要。簡單而言，「租賃購車」就是讓租車公司先替車主解決買車、養車等事情，即便名義上為「租賃」，但是在決定租賃前便與租車公司簽好約定，待時間一到便將該車過戶給客戶，形成「另類的分期付款」，這樣用公司名義去先租後買，當中也可以節省一堆稅項。其實我也不是車專家，有興趣的朋友可以上網找資料看看。

在台灣生活買車實在太重要了，可以自己開車在台灣生活有如如虎添翼，台灣天南地北都可以隨時開車起行。

放假的時候，幾天來回開一千公里也不出為奇，結果我們的新車買了三年，就行駛了八萬多公里了！

而且我們發現，當我們在台灣安定下來生活的時候，一家人只用一台車好像還不太夠呢，就是一個去餐廳，另一個去接孩子，最後我們演變成一共擁有三台私家車和一台電單車，讓我們兩夫妻可以更便捷地外出分工合作呢！

買車實用網站：

www.wewanted.com.tw（參考其他人在網上分享的購買新車清單和議價成果）

www.8891.com.tw（類似香港的28car網站，初來報到的香港人可以上網多看看）

2.5

請先學會開車！

沒公共交通工具直達的餐廳和居住地方，原來對很多香港人來說，是一件匪夷所思的事？！

沒車沒腿

在台灣沒車幾乎等於沒腿走路！只怪香港交通太方便，四通八達，火車、地鐵、小巴一應俱全，就算要在街上「遞手」截的士，也不是件難事，幾乎在香港什麼地方，也可以坐公共交通工具到達。這就令不少香港人沒有學駕駛的理由，也沒有買車的需要，有時候在香港開車反而是一種負擔，開車在香港也變成了一種消費品。

我是在出來社會工作時便考獲了私家車自動波的車牌，但考牌之後都沒有買車，所以慢慢車牌都變成了「雪藏牌」。直到我們一家搬到了新界郊外的村屋，出入都主要靠自己開車，而且我也要肩負接送小孩上學的責任，所以我的雪藏牌便要出動了。我突然變身成專線小巴司機，「學校、街市、家」成為了我開車的三個大站，還好透過了那兩年的每天訓練，總算成功把我的雪藏牌解凍。

懂得開車　移民落腳點選擇更廣

老實說，這世上幾乎除了香港這類高度密集的大城市外，開車幾乎也成了生活必需。十八歲到八十歲，電動單車、電單車或私家車，總須學會一樣傍身。所以在台灣街頭，常常看到很多公公婆婆仍在開車，單車和電單車也霸氣地穿插在私家車群中，一個家庭擁有幾台車也是等閑之事。

如果香港人有意移居海外，也請先惡補開車技術，否則移民到海外還需依靠公共交通工具出入，那選擇居住地和生活圈時就會有很大的限制。以台灣為例，如果兩夫妻也不懂開車，那他們的落腳點都可能只可選擇台北、新北、高雄等有大型公共運輸系統配合的市中心位置，市中心的居住環境和空間也比較像香港，方便但空間較少。

同一樣的租金，在距離市中心外的地方，可能已經夠租一幢四層別墅，但在市中心就只可租一個兩房電梯公寓，生活環境落差也很大。

有錢也找不到的士

在台灣很多地方，就算你有錢想在街上找的士、call Uber也是幾乎沒可能，就算真的要叫車，都是需要提前在apps預約和找相熟司機，更不是說有就有。

我們覺得在台灣居住最吸引之處，就是可以隨時來個本地輕旅行。有時候我們餐廳在平日放假，把孩子送到學校後，我們更可以來個即日來回的苗栗或台中之旅，或到附近的農場午餐，或到Costco大型超級市場逛逛採購，這些幾乎都是沒車就不能去的地方。

在長假期的時候，我們更可以隨心在台灣開車環島，一家人說走就走，早上打包行李後，下午已經開車到了台東享受陽光與海灘。有時候不用出走海外，帶著小孩，在台灣自駕遊四處走走就可以很隨意輕鬆。當然，在台灣不開車，生活仍然可以很開心，但如果自己懂得開車的話，生活圈就可以無限擴大！

慶幸我們兩夫妻從前在香港也住在郊外，早已習慣開車出入，所以我們選台灣的落腳點時，就早已撇除了人口密集大城市，集中研究寧靜的鄉郊小社區，也慶幸我提早解凍了我的雪藏牌，不然開車出入的責任若只落在老公一人身上，尤其是一家人開車在台灣本地旅行的時候，如果身體疲勞時也沒法輪流休息，那就變得很危險了！

在台灣沒車，就像一隻沒有翅膀的「雀仔」，所以大家來台定居之前，除了要來台實地考察做資料搜集之外，也快把那雪藏車牌先解凍一下吧！

2.6

一家五口要花多少？

一家五口在台灣要花費多少？

先旨聲明，我們一家人算是很「慳」很省的。

一家人的花費，去到哪裡也離不開衣食住行和學費！在台灣我們究竟要賺多少才可以應付一家人的基本生活開支呢？

衣

我們住在台灣的鄉下地方，之前從香港千山萬水搬來的高跟鞋、西裝、領呔等上班服，來到台灣全無用武之地。

當生活簡單時，我們的打扮也越來越隨便，一家人的衣服穿來穿去都是那幾件。台灣的網購很方便，偶然要為一家人添衣服，就一次過網購回來，一件純棉純色的t-shirt才台幣二百元，這裡很多網購都可以今天下單，明天就送到我們選定的便利店，然後再貨到付款，網購下單時連信用卡資料也不用給！我們發覺來到台灣，好像shopping的意欲已經所淨無幾，就只剩下買小孩長大了需要替換的衣服鞋襪，支出也不多了！

食

移民來台灣後，我們彷彿找回很多失落了的味道。因為在台灣的蔬果肉類都是吃本地新鮮的，就是蘋果有蘋果味，連薑蔥蒜頭都有一股我們以前無法在香港找到的香氣，或許只因這裡的一切食物都非常新鮮，不時不吃。

台灣食物的物價如何？我試試舉例台灣街市的一些食物價格給大家參考（台幣Vs港幣匯率約4:1；即台幣100元約等同港幣25元）：

- 農場新鮮有機蔬菜：台幣100元/3包（平均港幣8元/包）
- 一隻像排球一樣大的新鮮雞：約台幣270元（約港幣68元）
- 六隻新鮮雞全翼〔台灣很少有「凍肉」，所以我們都是吃新鮮雞翼（雞翅）：約台幣100元（約港幣25元）〕
- 新鮮黑毛豬肉：台幣200元/斤（約港幣50元/斤，一份黑毛豬豬展煲湯肉約港幣60元）
- 當季的愛文芒果：台幣30元/斤（約港幣8元/ 斤）
- 新鮮鱸魚：約台幣120元/條（約港幣30元）

以上是在類似灣仔濕街市的台灣市場「買餸價」。

其實我也認識不少在這裡生活的香港媽媽，不習慣穿插在台灣的市場買餸，他們會改為去本地超市或超級大型賣場Costco等地方買食物，食物依然非常新鮮，但價錢只稍貴一點。在台灣，我們家中要有大雪櫃冰箱來儲存食物是非常重要的！

我們在台灣只是偶爾午餐會在餐廳吃，其餘大部分時間都是在家中自己煮。一家五口在餐廳吃一頓飯（意大利麵、pizza等）大約台幣一千元上下吧！

這樣一個月算下來，我們在食方面的開支應該約台幣一萬元（約港幣二千五）左右吧！

住

在台灣不同地區的住屋開支差異很大。這裡先以租樓（三房約一千呎）的開支作基本比較。

在台北要租約千呎的電梯大樓單位，月租基本要台幣三四萬起跳，如果是在新北市附近地區的新式電梯大樓，例如港人熱門聚居地淡水、林口，月租約台幣兩萬五起。

如果懂得開車，就可以選擇一些離市區遠一點（如桃園、台中一些沒有捷運的區），空間環境廣闊一點的花園洋房，別墅面積約二三千平方呎，租金約台幣二三萬元左右吧。

住屋方面的開支因人而異，咸魚青菜各有所好。以香港人習慣的住屋環境來說，可以預算每月租金約台幣三萬元（港幣約七千五百元）作住屋的參考開支吧！

行

在台灣懂得開車，天南地北不需依賴公眾交通工具，自由多了！

台灣的油價每公升台幣二十八元上下，我們的七人私家車，入滿一缸汽油才大概台幣八百元（約港幣二百元），已可以足夠行走五百公里，比香港的油價足足便宜了一半！

在台灣入油更有送洗車券，洗車最平只需台幣五十元（約港幣十二元！），在台灣洗車如此便宜，真的找不到要自己動手洗車的理由。

在台灣，台北以外大部分地區，無論在街邊或商場大多提供免費泊車，超級市場也附設大型免費停車場。

孩子教育費

其實孩子的學費，是佔了我們最大部分的開支。因為現在有兩個孩子讀私立學校，每一個孩子每月的學費就要台幣兩萬多元，聽說在台灣唸國際學校，學費要再加最少一倍。當然在台灣讀本地國小國中就可以省下這一筆教育開支。

又因為我們已經花盡力氣養孩子唸私立學校，而且我們選擇的森林學校本身校內活動已經非常豐富，所以我們就沒有再花錢讓孩子上興趣班。

再次重申，每一個家庭的花費模式可以是南轅北轍，有孩子的家庭，光是學費支出就可以差異很大，這裡只是一個非常概括的參考。

不過，我知道香港人還是喜歡看實質數字。好了，所以概括而言，一家五口，又讓孩子在台灣讀私立學校，一個月花費台幣十萬元上下（約港幣兩萬五）應該走不掉，學費的支出是重點，大家就自行斟酌再計數吧！

2.7

台灣日常生活雜費

除了要知道衣食住行的一些大數目開支之外，一些在台灣的日常生活雜費，「小數怕長計」的開支，也是移民前我們該心中有數的預算。

別墅夏天開盡冷氣　電費五百港元

我們的家平均每星期會讓孩子用一次大浴缸泡水洗澡，其餘時間皆為用花灑淋浴，水費每月平均才台幣三百多（折合每月港幣約九十元），而且我們的自來水是來自附近的石門水庫，水質非常良好，所以台灣的水可算是平靚正。

夏天晚上家中三部兩匹冷氣輪流運作，家中的煮食爐、洗碗碟機、抽油煙機、掃地機械人、抽濕機、室內電梯等都是用電力推動，而我們夏季電費每個月約台幣二千元（折合每月港幣約五百元）。

賺台幣花台幣　謹記量入為出

我們初來台灣生活時，都習慣把日常所有花費，在心裡換算成港幣，覺得一切也像很「划算」，不過當我們真正在台灣生活，在台灣

做生意賺錢，真正的「賺台幣花台幣」時，這條數便不是這樣計！

除非在台灣做生意的收入可媲美香港，或是退休人士在香港有樓收租，收入來源仍是來自香港，「賺港幣花台幣」，花費固然暢快！但像將我們這些比較年輕的移民家庭，來到台灣後，仍然要努力賺生活費，慢慢地我們已不會把日常花費換算成港幣，在台灣仍然過著量入為出的理財模式。

其實，在台灣日常花費負擔也真的比香港輕鬆，反正在台北大城市外的生活模式跟香港的差異頗大，生活單純，也沒有什麼可以消費花大錢的地方。在台灣大商場看電影，門票也要台幣二百多元，這應該是我們在台灣最奢侈的消費。

常常有香港人笑說，在台灣是生活，在香港是生存。

可能很多香港人也習慣用金錢去衡量生活質素的高低，但我們在移民台灣後感受良多，或許在哪裡生存或生活，終歸都是看你自己的選擇。能夠笑看風雲，或天天也傷春悲秋地過日子，各人心底裡的那一片風景，比我們身處哪個地方生活來的更重要吧！

2.8

做個鄉下快活人

我們在香港時已是住在偏遠的大尾篤村屋，所以搬到台灣的時候，一早已經不會考慮定居在大城市。雖然說我們不喜歡大城市人煙稠密的感覺，但又未至於會選擇住在台灣真正的鄉郊地方！

有時候發現住在台灣比較鄉下的地方，身邊的人和事好像變得更單純和親切，不再遇見常常忙碌和日理萬機的城市人，彷彿讓我們更學會細味生活，重新學習放慢腳步的節奏。

竹林深處人家

有時候我們開車經過一些郊外的農村地區，一大片田野中豎立著一間兩三層高的農舍，是那種真正「竹林深處人家」的小農村，這些小鄉村風景寧靜優美，甚至是與世隔絕，但要從香港大城市，一下子歸隱到這些小鄉村中居住，遠未到退休年紀的我們，還是在放假時到這些鄉下地方郊遊好了！

台灣除了有不少這類農村外，還有一些比較舊的社區和沒有什麼規劃的舊城市，滿街也是露天的電線桿，馬路兩旁泊滿電單車，這些

舊區大部分是商住混合、前舖後居的「透天厝」(簡稱透天)。

「透天厝」即一般所謂「頂天立地」式的建築，從地下到頂樓的產權都是獨立，屋形大部分也是窄長，地下一層很多也會用作商業店面使用，所以很多時候住宅旁的透天店面就是混雜了洗車店、小吃店和檳榔店等。

我們都曾經在找房子時看過這類的透天，但相信很少移民來台的香港人，會選擇住在這類透天中，因為這類透天大部分樓齡三四十年以上，其實有點像香港的唐樓，很多都是沒有什麼窗戶，透光不好，而且也被旁邊很多透天夾在中間，沒有自己的前後花園。

原來也有很多台灣人羨慕香港繁華大都市的生活環境，有很多人夢想就是往香港打工或讀書，甚至是嫁個香港人，但偏偏就有越來越多香港人跑到台灣生活，我們更跑到連台灣人都覺得是鄉下的地方生活，對他們來說，是有種匪夷所思的感覺，對香港人來說，卻是有苦自己知。

有時候我們告訴朋友我們住在半山上的小社區，他們都覺得我們住得非常遠，但其實我們去市區就只需花十分鐘車程，雖然一定要自己開車才可以出入，但這些新社區內全部也是花園別墅，而且每呎租金還比市區的來得便宜！

茶是故鄉濃

「今天送兩個孩子上學時，看到在茶園上有幾個姑娘（大嬸）在採茶，很有茶是故鄉濃的feel呢！」King Kong爸爸每天最享受的，便是每天早上和孩子前呼後擁地騎著電單車，經過那翠綠的茶園。

每天看到那青翠的稻田和茶香撲鼻的茶園，都讓我們更喜歡這個樸實的鄉下地方。

其實住城市或鄉下也好，在現今這世代，找到一個可以讓你有選擇、有自由的地方，那便是個好地方吧！

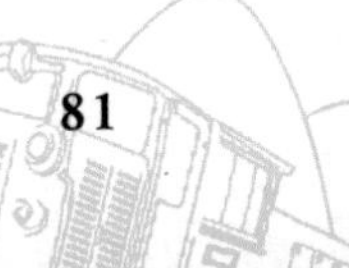

2.9

台灣沒有
你想像中的這麼好

「我在你家坐了半天，才看到三個人在你窗前走過！」

「為什麼你們這裡的電單車可以坐四個人？連貓狗也可以站在電單車上！我以為大陸鄉下地方才可以這樣？」

「為什麼你們的超級市場和商場都沒看到幾個人，這樣的生意如何維生？」

這是King Kong婆婆來了我們台灣的家第二天時，悄悄跟我說。

世上沒有烏托邦

我們是否一廂情願地無限放大了台灣的好？或許，台灣的先進和文明真的不及香港，尤其在台北以外很多地區，還是給人一種鄉下的感覺。所以還是會有些人笑說，為什麼會選擇移民到台灣這些鄉下地方？

在台灣賺錢難、稅務又重、年輕人收入低、欠缺國際視野、英文水平也不及香港、男孩長大後還要當兵、在很多地方還要每天站在路

邊等垃圾車來收集垃圾、上廁所後的紙巾也不能丟進馬桶裡、大陸下一個要攻打的目標就是台灣等等……這就是真實的台灣，還好，我沒有想到太多其他缺點了。

一個地方有缺點沒問題，就是在自己的價值觀內可以接受就可以了。一個地方好與不好，在乎你用什麼去比較，也在乎你最重視怎樣的生活條件。

是生活環境？治安？賺錢機會？小孩教育？自由的空氣？法治的公信力？還是社會公義？

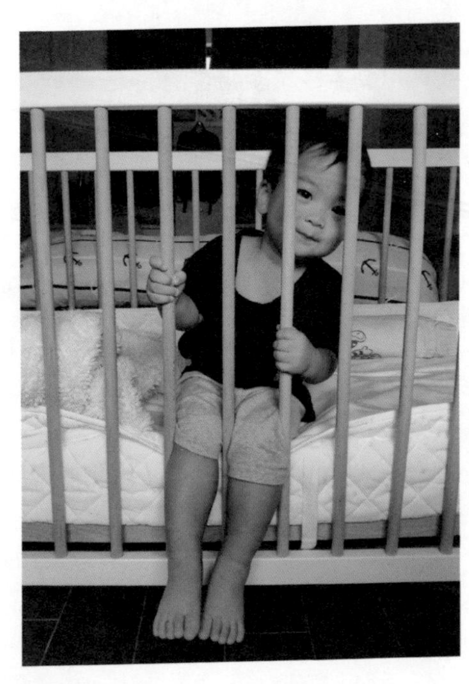

世上或許不存在烏托邦，也沒有一處地方可以保證永遠長治久安，不知道是否真的是「今日香港、明日台灣」。台灣當然並不完美，但至少，這是一處可以讓人安心生活的地方，我們已經心滿意足了。

所以，請不要相信移民台灣後就海闊天空，有如落入人間淨土，也不要試圖找一個好像香港的地方，以為可以把香港以前的生活照板煮碗地搬過去，然後一下子就可以適應了新地方的生活。每個地方都有她的美好和不完美之處，要是決定了要踏上移民這條路，就要開放胸襟去接受和適應新地方的改變。

台灣對我們一家人來說，是一種緣分。這裡沒有香港那般繁華，但你可以選擇住在繁華的大城市或者找個鄉下地方做個輕鬆快活人。沒有讓你活得快活像神仙，也沒有要讓你一肚氣地忍受著生活。

這裡的一切就是剛剛好的感覺。

離開了就只想向前走

其實和很多移民離開香港的人一樣，心底裡也很想留在這個家。

可能選擇移民的人，都總需要有著一股正能量和積極面對新環境的心情，或許就是這份信念，令我們看到很多台灣的美好之處。

移民始終都是一個"give and take"的取捨，你要享受一個新地方的自由空氣，同時你也要包容新地方的不足之處呢！

2.10 台灣人眼中的香港移民

在台灣的小區開餐廳，常常碰到很多很健談的台灣本地客人，台灣人對香港人選擇從大都會移民過來台灣這些鄉下地方定居，都顯得十分好奇。原來在很多台灣人心目中，對我們這些香港移民，都存有很多有趣的想法！

「我覺得你們香港人有七成都是壞人，三成是好人！很多香港人都覺得自己高人一等！台灣呢，就有七成是好人，三成是壞人！」其實香港人不壞，只是有時過分保護自己，香港人生活和工作壓力大，從出生那一刻就被迫要贏在起跑線，令大家都沒剩下太多閑情逸致去親切待人吧？！

「為什麼好像很多香港人都喜歡跑來台灣移民？為什麼不考慮移民上海呢？」說笑好了，移民上海倒不如留在香港？

「在香港讀國際學校也不是很好嗎？為什麼要跑來台灣唸森林學校？」我們不才，自問沒有能力送兩個孩子在香港唸國際學校，單單是國際學校的註冊費、債券、報名費，就已經可以在台灣買好幾棟別墅了，況且國際學校也不是我們的那杯茶，還是不要高攀好了。台灣的森林學校已經發展了好一段歷史，台灣和香港的文化和語言也相近，台灣的森林學校確實有它吸引之處！

「香港人像放野的孩子，從前英國政府管治下安安靜靜，現在到中國管治就吵吵鬧鬧了，你們應該要認命吧！」真的嗎？這口氣，不是每個人也可以吞得下！

「如果我們見到蔡英文總統，走去罵她一句無能，再向她丟一個寶特瓶（塑膠樽），我們最多只會被保安拉開，但如果你們向特首丟水瓶，明天可能就消失在這世界上嗎？」聽了這個，我的眼睛睜得圓圓的，我也只能苦笑，香港今時不同往日，大家心照了！

「香港人大概是因為香港的社會政治風氣變得太差而逃離香港嗎？」好的，餐廳裡不談政治！有些事情是不需要說得太白。

香港人只說英語？

其實在我們移民台灣之前，都不知道原來在台灣人眼中的香港人是這樣的！

還記得有一次我們去超市買東西，有一個產品推廣員，知道我們是從香港來的時候，他居然立即「轉台」，動用他九牛二虎之力，把他懂的英文生字全都說出來跟我們介紹他手中的產品，慢慢我們才發現，原來很多台灣人以為香港人主要是說英語！

另外有一次跟一個新相識的台灣朋友閒聊，當我們用國語溝通詞不達意之時，拿了一支筆出來，寫下我們想表達卻不懂說的中文生字，那朋友卻驚嘆說：「哦！原來你們懂得寫中文！」其實我也出版了兩本以中文撰寫的書籍呢！這真是令我們哭笑不得！

雖然我們來台灣的日子沒有很久，但還好我們沒有遇上被台灣人歧視的經驗，台灣人普遍還是對香港人很熱情，最近除了熱情之外，更感受到一點點同情，的確讓我們有點不習慣。

還好，台灣跟香港的語言和文化相近，有些台灣朋友笑說，聽到我們的港式國語口音覺得很「可愛」！這就像我們從前在香港的獎門人節目，聽到金剛說廣東話那般可愛嗎？

2.11

我要生
第三個孩子

近年身邊越來越年輕的香港家庭移民來台灣，來到我們這些台灣小鄉下地方。

「得閒」生仔

我們這班香港人都彷彿達成了住大屋的夢想，門前有個小花園，車停在家的門前不再是一件奢侈的事，父母和孩子不再是一人住一間房，而是一人住一層。這對從小在寸金尺土長大的香港人來說，是多麼的奢侈，生活空間大了，壓力也比以前少了。

有時候我們這些家庭聚會起來，都不時會笑著跟對方說：「而家間屋咁大，又得閒咗，不如生多個啦！」

在台灣很多媽媽都是全職自己帶小孩，哪怕是兩個或三個小孩，台灣媽媽還要自己開車去買餸，照樣處理家務、接送孩子。

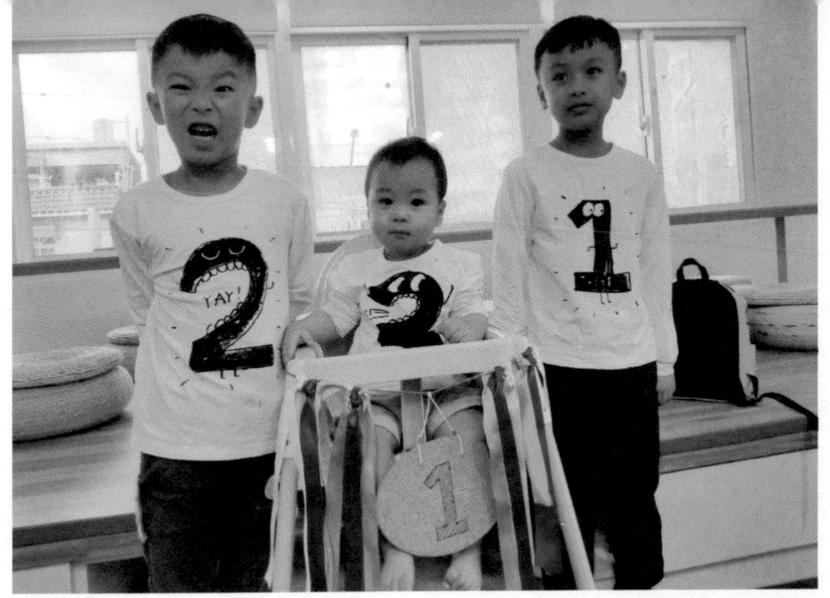

三寶家庭甚普遍

在台灣要請工人姐姐難過登天，身邊有沒有長輩幫忙帶孩子之餘，我們還要兼顧做生意，加上兩個大孩子已經上學了，要「甩身」後重頭來過，這個決定真的不簡單。

很多台灣媽媽很放手，閒來帶著孩子在戶外地方跑跑跳跳又是一天，大家也是習慣在家中附近的學校上學，絕少發生像香港那些「住粉嶺要跑到九龍塘上幼稚園」的情況，所以在台灣養小孩倒是覺得比較輕鬆。

「如果我哋仲喺香港，打死都唔會再生第三個！依家喺台灣都可以諗下！」有一晚老公無厘頭地說起。的確，如果在香港你跟人家說有三個孩子，朋友第一時間可能聯想起的是：「你很有錢！」但在台灣，生三個的家庭見慣不怪！

當然生仔這回事，絕對不可以是得閒就生，每個家庭的經濟考量、生活環境、個人喜好、身體狀況和最重要的隊友也不一樣，生第三個小孩這回事，絕對是需要很多東西配合才可以達成。

感激好隊友

與其說在台灣的生活比較悠閒，我會說是我們對在台灣的生活和將來比較有信心，要把一個新生命帶來這個逐漸荒誕的世界中，我們做父母的責任也將越來越重，生第三個孩子的責任不在於只有懷孕的十個月，而是可以給孩子一個怎樣的成長環境。

還好，最後我們拿出勇氣決定生第三個小孩的時候，兩個大孩子都已經一個七歲、一個六歲，可以做個大哥哥了。

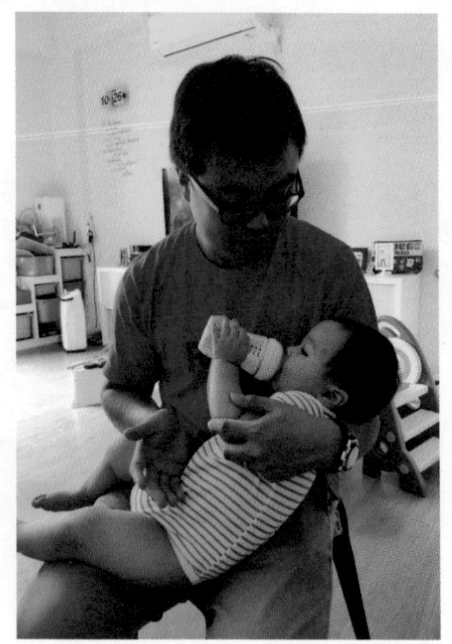

幸運的我還有一個超愛小孩的好爸爸隊友，讓照顧小孩的責任不止落在媽媽一人身上，爸爸常常笑說：「帶小孩嘛，一隻指尾已經可以搞定！」的確事實證明，爸爸自己照顧三個孩子一天是沒問題的，爸爸更訓練到兩個哥哥懂得洗奶瓶、泡奶、陪弟弟玩等惱人的工作！

新生命帶來原動力

一路走來，咬緊牙關，還要兼顧身邊兩個孩子和一切生活、生意上的大小事務，都讓我身心累到了極點。

直到看到我們的第三個孩子出現眼前，軟軟綿綿的小生命捧在手心上，之前經歷的辛酸已經忘記得一乾二淨，心裡只有在感謝造物主的奇妙，一個新生命，多一份新的責任，已經悄悄地加入了我們這個家庭。

迎著新生命的到來，令我們再一次感受生命的力量，經歷一家人移民，重新建立一個家，這段日子一家人去練習和摸索另一種的生活方式。

活在逐漸崩壞的世界中，我們都不知道還可以做什麼？但為著我們的下一代，我會拼著自己的最後一口氣，盡全力陪伴著他們披荊斬棘。

2.12

豪嘆！台灣生產記

自從知道懷著三弟起，就有很多朋友問我們，會留在台灣還是香港生產？

事有湊巧，就是當我們知道懷孕之前不久，我們路經新竹市竹北一棟很漂亮的玻璃大樓，記得當時我還特意停車看，發覺原來這是一間剛落成的婦產及月子中心，所以到了我確定懷孕時，我二話不說便跑了去這間婦產中心看診了。

在台灣生仔的環境和在香港的很不一樣。在香港一般都會選擇在公立或私家醫院生產，但在台灣就有很多美輪美奐的婦產中心，配備完善，有自己的手術室、醫療室、待產及月子中心配套。我們在台灣持有健保卡的，都可以自行選擇在公立醫院、私家醫院或婦產中心生產，補助金額都是一樣。

由於我是進行開刀剖腹產，所以要在生產前一天住院。以前在香港生仔，每次進醫院的時候都有一種孤軍作戰的感覺，但這細心的婦產中心居然可以安排一間獨立套房，讓我們一家四口在當晚凌晨一起入住，以便等待明早進行剖腹產手術。

台灣婦產中心的醫護人手充足，我是第一次受到這樣貼心的醫療照顧呢。在婦產中心進行半身麻醉剖腹產手術，手術前一刻才被告知老公不能陪產，讓我整個人都緊張起來。

誰不知整個手術過程我都是在熟睡的狀態，只聽到一點點聲音，醒來的時候我已經被推進自己的病房了！原來在這裡的半身麻醉，醫生會特意給一些「睡覺藥」給待產媽媽，以減低媽媽的緊張不安及確保手術順利進行。

記得以前我在香港的公立醫院半身麻醉剖腹產的時候，老公待在我旁邊一直跟我談話，我們還會隱約聽到那像吸塵機的吸血聲音、手術刀的清脆碰撞聲，我可以感受到醫生在我的身體開刀把孩子拿出來，所以今次在台灣剖腹產我幾乎是完全熟睡，的確大大減低了待產媽媽的恐懼感呢！

獨立套房全家享受

麻醉藥過後張開眼睛，我已經身處在自己的獨立房間。

偌大的窗戶，旁邊是一張應該有六七呎的電動雙人床！房間內還有獨立的電視(有Netflix喔！)、梳化床、冷熱過濾飲水機和浴室。最貼心的是，在我們的床頭有一個小小的電子屏幕，可以讓我們在床上觀看自己初生寶寶在嬰兒室的即時影像，我們還可以在屏幕中查看寶寶每天的生長指數，如體重、黃疸指數、呼吸脈搏等資料。這

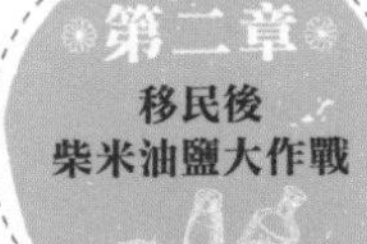

樣令開刀後身上插滿喉管、動彈不得的我，也可以在病房內一邊放心休息，一邊在屏幕上看著嬰兒室內小寶寶的一舉一動，這樣的設備真是神級的貼心呢！

相片來源：育禾婦幼中心

住在像酒店的五星級套房中，晚上老公和大孩子居然也可一起留宿過夜！

剛生產完的我在第一、二天還要忍受著宮縮的痛楚，但有著老公在旁照顧，晚上更可陪伴在側，我都說笑，我像享受著在香港那「千億新抱」生孩子時的五星級醫院環境呢！

星級服務平民收費

當然有人會問，在台灣這樣的星級婦產中心生孩子費用要多少？在五星級的婦幼中心做產檢，每一次超聲波才台幣四百五十元（港幣約一百一十元），而且如果我最後決定在這婦幼中心生孩子的話，這些超聲波的費用還可以在最後的帳單中全數扣除！

在我住院的五天裡，膳食是需要自行負責，所以住在這裡的媽媽，一般都會自行在外訂購月子餐外送服務。一天三次有專人把熱餐送

到病房門外，包括了早午晚三餐、熱湯、茶飲、糖水、小點心等，餐點的份量幾乎每天也吃不完，費用大概台幣一千八百元左右（約港幣四百五十元），雖然這些台式月子餐的口味跟香港坐月子吃的東西，有很多也不同，但這樣送上門的月子餐勝在超級方便，價錢也不算貴。

究竟我在這樣的星級婦幼中心剖腹產的手術費用，連五天單人房住院費用，最後埋單要多少錢呢？連同最後加添的特效止痛藥、手術疤痕貼、產後束腹帶等額外費用，埋單約台幣七萬多元，即是港幣二萬元有找！

照顧嬰兒的費用是分開計算的，初生寶寶有護士二十四小時全天候照顧，基本上只有媽媽要求親餵的時候，孩子才會被推進媽媽的病房中，其餘時間都可以把孩子安心交給護士照顧。初生嬰兒五天住院費用，連同打疫苗、檢查等，盛惠台幣二萬多元（約港幣五千元）！

其實台灣的月子中心享負盛名，設備豪華，簡直是坐月子媽媽的小天堂，但原來一個月的費用差不多要台幣三十萬元（約港幣七萬多）！這已經是在香港請陪月三個月的費用了！

經歷過後，真的覺得在台灣生小孩太幸福了！

2.13

無敵 台灣健保

「打119只需3秒就有人聽，講完地址2秒條線接白車講大約情況，收線立即有短訊通知白車在路上，3分鐘後白車到達，2分鐘到醫院，立即分流，3分鐘後已經見兒科醫生，見完2分鐘抽血打點滴。唔駛15分鐘就見佢舒服啲瞓著咗！我對生活要求就係咁簡單！需要時有醫生睇唔駛等，醫療係基本需求！雖然每個地方都有佢好爛嘅地方，但我只求基本嘅需要滿足到就ok！我好慶幸我生活喺呢度！」有天看到一位移民到台灣的香港朋友在Facebook上分享寫著。

其實我們在移民台灣之前，確實沒有太多留意台灣的醫療制度，畢竟我們並不是衝著台灣的福利而選擇移民台灣。

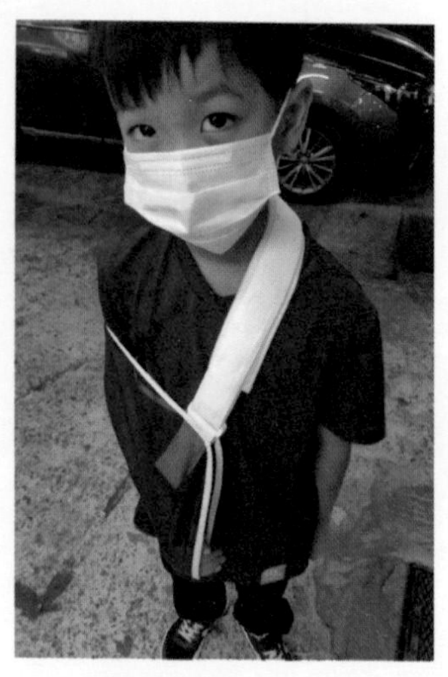

記得當年我們一家移民台灣之前，需要在台灣本地的醫院做身體檢查，香港人去醫院看醫生要預約是常識吧，所以那時候我都有打電話去了好幾間台灣醫院，詢問預約做移民身體檢查的情況。那時候幾間醫院的回覆都說不用預約，

當天直接來做便可，「那要什麼時候前來醫院排隊嗎？」醫院的回覆說也是不用！

那時候我們下了飛機的第一站便是趕去醫院，希望提早完成身體檢查。那光潔明亮的醫院也真的沒有太多人，我們直接走到身體檢查的部門，護士就替我們登記，轉個身便叫我們去抽血和做檢查，五分鐘後便見醫生，整個過程應該不用半小時。

看專科不用排幾年

暑假回港幾天探望家人，看到媽媽額頭上長了一顆粗糙又突起的小瘡，媽媽看醫生後，醫生說那應該是「疣」(疣是因為受病毒感染而生長於手足皮膚上的粗糙顆粒)，轉到公立醫院繼續跟進，醫生說可以用冷凍治療，但在公立醫院排期要等兩年！兩年喔！

回到台灣後，剛好我家小弟弟患濕疹要看皮膚科醫生，我順道把媽媽的症狀和照片給皮膚專科醫生看，因為媽媽沒有台灣的任何居留證和健保卡，所以我特意問醫生有關的治療費用和時間。

「媽媽沒有健保卡的話，基本醫生費用是台幣四百五十元，如果要做冷凍治療可以當日做，費用要多加約台幣一百五十元喔！下次媽媽來台灣旅行可以來做呀！」皮膚專科醫生細心地解釋。這樣算起來，就是整個療程需要台幣六百元，就是還不用港幣二百元！重點是不用排隊，當天來看醫生就可以完成冷凍治療。最後媽媽真的來

了台灣做這個小手術，十分鐘便完成了，讓媽媽也感受到台灣的醫療真的太棒了！

超便宜醫療費用

移民台灣的香港人，入境半年內出境不超過一次就可以申請台灣健保卡。在台灣，健保卡是隨身攜帶的，每張健保卡都保存著我們的醫療記錄，就是你去看醫生的時候，醫生插入健保卡，就可以看到你之前的服藥記錄。

我們在台每月都需要繳交大約台幣一千元的健保費用，但手持健保卡，無論我們看私家專科診所或是到醫院看醫生，都只需繳付登記費用約台幣二三百元，這個費用已經包括基本的藥費，比我們在香港看政府門診街症的費用還要便宜！

我們初移民來台灣還沒有健保卡的時候，自費看兒科專科醫生費用也只是台幣六七百元。沒有健保卡去洗牙，算起港幣來也才二百元左右，更重要是不用排大隊！

我們也聽說過有些香港人分享，說香港的醫藥費大約是台灣的兩三倍，等待時間也較長。以照內視鏡為例，在香港等待時間約三個月，台灣僅等一周，所以原來也有不少香港人會專程飛來台灣就醫！

當然，就算台灣醫療保健系統完善，我們都不應該濫用，還要好好珍惜這個地方給人民的保障！

2.14

沒有工人姐姐的日子

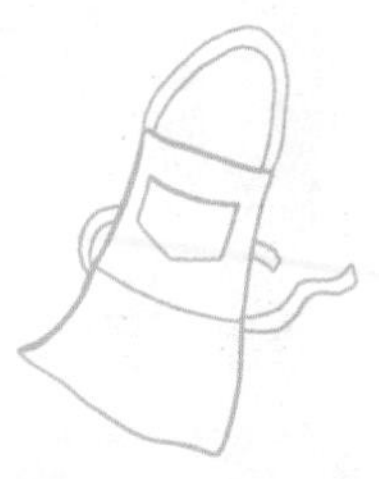

從前在香港當雙職家庭時，我們家中也像普遍香港家庭一樣，有請工人姐姐幫忙，或許工人姐姐已經成為很多香港家庭不可或缺的一份子，尤其是家庭中有小孩的，當你告訴別人家中沒有外傭姐姐幫忙的時候，旁人甚至乎會帶著可憐又驚訝的眼光問你：「家中為什麼沒有工人姐姐幫忙？」

來到台灣，每次跟台灣的朋友說起香港家庭聘用外傭姐姐的普遍情況時，他們都顯得萬分驚訝。

有錢也沒用　要聘外傭請先計分

有很多有孩子的家庭，都想知道在台灣聘請一個外傭所需費用。在台灣外傭每月最低工資為台幣一萬七，但加上健保費、就業安定基金等費用，每月實際支出為台幣約兩萬三（折合港幣約六千元）。**但值得一提是，在台灣聘請外傭的條件採計分制，家庭成員有六歲以下或七十五歲以上，且累積點數達16分以上，才可合法地申請核配外籍幫傭配額**。但是家裡有一個未滿一歲孩子才有7.5分，未滿2歲的孩子有6分，有一個90 歲以上的老人家也才有7分，自己算

沒有工人姐姐幫忙照顧孩子，孩子們就要獨立起來！

算看，真的是一屋有老有嫩，才有資格申請外傭姐姐呢！一般普通台灣家庭不可以像香港般便捷，有錢便可以請到外傭姐姐幫忙。用台幣兩萬多聘請一個外傭，這花費可能已經等於台灣人一個月的工資，所以很多媽媽寧願自己留在家中帶孩子和照顧長輩。這個聘請外傭姐姐的計分制度，真的讓我們大開眼界！

當我們來到台灣生活後，身邊大部分的朋友媽媽都是理所當然的自己照顧孩子，還有些是一個湊三個，媽媽自己還要每天開車送孩子上學放學、買餸、做家務，有時候還可以幫忙鄰居帶孩子也面不改容呢！其實在香港以外有很多地方，家裡有工人姐姐幫忙才是稀奇的事！

有時候看到香港的朋友媽媽抱怨，有工人姐姐幫忙帶孩子還是很辛苦的時候，心底裡真的很想帶她到國外見識一下其他媽媽是怎樣過活的。

讓孩子成為家務小幫手

在台灣沒有工人姐姐的幫忙，日常家務很多事情都需要家中成員互相分擔，小孩不再是有空才「表演性質」地幫忙做家務。

我們家的兩個小孩就是主力負責全家人衣服的洗、曬、摺，洗衣籃放滿了，兩兄弟便要把衣服放進洗衣機，直到乾淨的衣服放回各人衣櫃，這就是他們幾乎每天都要做的重要家務，還有每天晚餐飯後收拾碗筷放進洗碗碟機內。在這裡，這些家務是真的需要他們幫忙，否則一定「做死爸媽」，其實這樣分工合作地做家務，小孩也會慢慢培養出對家庭的責任感。

有一次我就聽到哥哥跟弟弟說：「這件外套穿一次就洗嗎？再穿吧！」體驗過洗衣服的辛勞，小孩也漸漸明白，一套乾淨衣服不是從天掉下來到他們的衣櫃中呢！

曾經有香港朋友笑說，移民最不捨得的，就是家中的工人姐姐！有機會在不同的地方生活，才會真正發現有很多東西都不是必然的，或當我們有勇氣跳出舒適圈後，當初以為會很困擾的事情，撐過了，才驚覺原來自己也可以做到。

有時候香港的朋友會驚訝地問我，三千呎的家、四個廁所、三個小孩，還要顧餐廳，沒有工人姐姐日子怎過？

我只好笑說：「來試試吧，你都可以！」

2.15

要唱移民獨腳戲？

想當年我們在考慮移民的時候，就有已經移民的朋友告誡我們，如果移民台灣後發覺真的「搵食艱難」，夫妻就可能要考慮有一個要回香港工作，做港台兩邊飛的「太空人」支撐在台灣家人的支出！

當下，我們夫妻有為這個問題認真討論，很快得出一個結論。

我們不要做「太空人」，一家人齊齊整整地在一起，是我們移民路中不能妥協的底線！

我相信，無論在任何一個地方，我們一家人都可以共同進退。可能在上一輩的移民潮中，很多人移民到遙遠的歐美國家，丈夫留在香港工作，妻子帶著孩子坐移民監是一個很普遍的實況，但無奈現實中，很多家庭最後都無法維持完整，到頭來也令人苦思，那當初移民是為了什麼呢？

「太空人爸爸」無法出席孩子畢業禮

最近有一個香港家庭，也剛移民到我們住的社區。他們這一家，暫時選擇了爸爸留港工作，由媽媽帶著兩個孩子留台生活。那位爸爸

和妻子、兩個孩子「移民三星期」，在一家人順利取得台灣居留證後，爸爸便要暫別台灣回港工作賺錢。這位爸爸，本打算一個月回台灣一兩次探望妻兒，這次離開台灣回香港的時候，他們一家在機場難捨難離，都哭慘了。

更想不到的是，全球爆發新冠肺炎，台灣因疫情封關，入境香港台灣兩地都需要14天的家居檢疫，在香港工作的爸爸無法請假這麼長時間，最後迫不得已在台灣封關後，已經大半年沒辦法回台灣陪伴妻兒，結果更錯過了孩子的畢業禮，在妻兒移民台灣最艱辛的適應期，他們也無法一家團聚。

異地生活孤獨感　無關距離

移民這回事，本來就已經夠孤單了！

如果還是無可奈何地，只有一個人，暫肩負起帶著孩子的移民重擔，無論是留在香港賺錢的，還是在異地和孩子過新生活的，那已經是決不簡單的勇氣和挑戰。

如果，這三年來，在這條移民路上，大部分時間只有我獨個兒在台灣撐起「成頭家」，我想想也快要哭出來了。

隨著愈來愈多香港家庭選擇移民，為更大的生活空間和自由、為子女讀書、為家人留後路等各種原因，選擇把家庭暫時「拆開」。

目標為本，這可能就是選擇移民家庭的大趨勢？

我們移民台灣之前，有安慰家人說，其實由台灣飛去香港，就像由新界去長洲般方便，但到了我們真的搬來台灣，那份初來報到的陌生感覺，簡直像由地球搬了去火星般遙遠！

這份需要時間適應的孤獨感覺，幾乎是移民的必經心路歷程，原來跟實際地域距離沒有關係。

理性的「後著」感性的「考量」

可能也有人會慨嘆，有時候是「人在江湖，身不由己」，缺錢怎樣在外地養妻活兒、供書教學？

家家有本難念的經，夫妻其中一人留在香港搵錢養家這個「後著」，確是吸引和保險，但在理性的考量過後，也不妨想想自己或另一半，真的是否「夠硬淨」？背後有什麼原因支持那移民的決定？

一個隊友的重要性

記得在幾個月前，三弟才只有三個月大，老公因事回港數天。我一個人，帶著三個孩子，兼顧著三間餐廳。哪怕只是數天而已，表面上我還是「正常地生活」，但心底裡卻步步為營，時刻倒數著隊友回來的日子。

天意卻最愛挑這些日子弄人，結果在那幾天中，讓我遇上了在台灣第一次的交通意外，晚上帶著孩子跑警署，隔天二弟病倒了沒上

學，第三天又遇上突然有香港朋友的飛機取消，被迫滯留台灣，要來我家住一天……

原來自己沒有想像中那樣堅強，我也不是三頭六臂，沒法水來土掩，兵來將擋。

在異地生活上的支援，不單是有問題出現時，打一個 WhatsApp call 給另一半就可以代替和解決的。

如果那幾天就是我的移民生活日常，不再是咬咬牙關，忍忍便過的幾天，我也會問自己，我這樣長久堅持下去的理由是什麼？

被練成銅皮鐵骨的香港人

其實我們一家人經歷過這次移民的經驗後，心裡總覺得天大地大，總會找到一處可以容得下一家人的地方，尤其是我們曾經在香港這個「搵錢」一級戰區中打滾成長的人，恍如少林寺出身，都被逼出一身銅皮鐵骨。

生活再忙碌、工作時間再長，我們也撐得過，家中蝸居面積再小，我們也可以能屈能伸，所以我深信要在其他地方好好生活，都不會難到香港人呢！

一家人移民路上沒有對錯，只是在孤軍作戰或兵分兩路的移民路上，真的更要有披荊斬棘的決心，眼淚幾乎一定會流，但如果有幸身邊有位可以陪你流淚的戰友，這條路，可能可以跑快一些。

2.16

夫妻關係大挑戰

常常有人問我們，移民後生活上面對最大的挑戰是什麼？

這個問題我可以給你一個肯定的答案，這就是在夫妻關係上的挑戰！

誰人決定要移民？

移民這回事，其實都不是一個人決定。如果是一家人移民，小孩子往往沒有太多決定權，最後走或不走的決定，通常就落在夫妻二人身上。

像我們這類年輕家庭遠遠未到退休年齡，移民也意味著要放下在香港扎根許久的工作，離開我們熟悉的生活環境，在異地一家人重新出發，無論是人或事，往往都不是說走就走的那般瀟灑。加上夫妻二人也各有自己的原生家庭和朋友，要夫妻同心一起帶著孩子出走，確實需要夫妻間有共同的理念和目標，才能夠有足夠的力量。

如果移民這個決定，只是夫妻其中一人一廂情願，另一個沒有心甘情願，只是盲目跟著走，最後往往都沒有美滿的結果。

如果只剩下一人

「如果我突然死了，你還會帶著兩個孩子移民台灣嗎？」移民台灣後有一個晚上，我這樣問另一半。

我們都是帶著有限的資金和年幼的孩子，飄洋過海的來到這個陌生地方。有時候望著眼睛骨碌、看似懵懵懂懂的孩子，彷彿在還沒懂事前，就這樣的給我們帶走了，突然間也覺得我們父母的責任和擔子很大。

我們在台灣沒有親人，也還沒有知心朋友，夫妻之間常常有種「相依為命」的感覺。加上我們在移民路上事事都親力親為，兩夫妻自己動手裝修新居和餐廳，老公肩負粗重工夫工作，我就主力負責照顧孩子和打掃清潔等善後工作。

在經營餐廳生意上，我主要負責美術設計、餐點設計和市場推廣，老公則負責人事管理、財務監管和一切大小雜務。大家就是要各展所長和互補彼此的不足。

我們也很難想像，如果沒有這樣的配搭，沒有了這位隊友，沒有了這位可以陪伴著同哭同笑的知已，我們在移民路上還可以怎樣走下去？

其實不時有朋友問我，打算叫老公做太空人港台兩邊飛，希望能「賺港幣花台幣」，為求生活比較有保障，自己就帶著孩子留在台灣生活。

說實在，我們都不建議這樣分隔兩地去移民，在最初移民適應期，如果只有一人獨力承擔還要帶著孩子，那確實是一件非常不簡單的事情，那份在異地生活的無力感，旁人是很難體會的。

吵架後我可以去哪裡？

一家人來到新地方，失去了家人和朋友的支援，有時候也感覺像一家人在新居中「困獸鬥」。簡單來說，就是夫妻二人就算吵架後，也沒有其他地方可去，也沒有什麼朋友可以傾訴，有時候遇上生活上的小難題，也只能靠夫妻二人咬緊牙關地尋找出路。在適應期中難免遇上沮喪時刻，如果夫妻間有一人沒有心甘情願的離開，這可能便成為了將來衝突爆發的導火線。

一加一大於二

在移民路上，我們深刻體會到夫妻同心的重要性，一加一的力量往往大於二！

尤其是打算移民台灣後兩夫妻要一起合作做生意的，夫妻之間更需要有一種更強的默契，對抗和過濾外來不同的壓力和聲音。過程中有紛爭、有不滿、有眼淚，幾乎是必然的，這也是考驗夫妻關係的關鍵時刻。

或許，我們都感覺到彼此的重要性，有時候心底裡都很怕失去對方便失去方向，在移民路上無法獨力走撐下去！

所以如果你心中都有移民的念頭，**請不要獨行獨斷，也不要輕易相信自己可以獨力撐起半邊天！**

在移民路上找一個同路人和你闖關，這樣移民的意義才會倍增。

路還很長，大家也要努力地走下去！

第三章

轉行開餐廳：台灣開實體店大作戰

3.1

在台灣
做什麼生意最好？

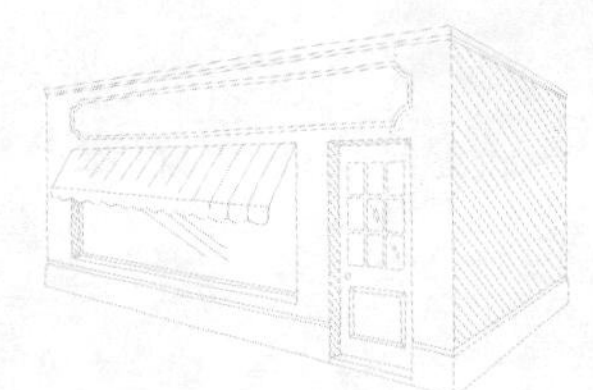

老實說，我是從沒想過自己要做生意，這份快到中年才來的創業心，某程度上是被逼出來的！

香港人要移民來台灣，剔除有直屬親人是擁有台灣身份的「依親移民」申請外，大部分香港人移民台灣，都是以投資移民身份來台定居。投資移民台灣的門檻簡單來說，就是要在台灣開公司做生意，注資台幣六百萬（約港幣一百五十萬）在公司銀行戶口內，申請人和配偶及其二十歲以下未婚子女都可一起申請居留證。當獲得外僑居留的身份後，在台連續居留滿一年（一年內不得出境超過三十天），或連續居留滿兩年且每年在台居住二百七十天以上，便可申請定居（台灣身份證）。

越來越高的投資移民門檻

不過由於近年來申請移民台灣的人數暴升，台灣政府最近已經把香港人申請投資移民的門檻提高，規定這門投資移民的生意，是最少要維持三年的實體店，期間也要聘請兩名全職台灣人。

畢竟移民這回事，坦白一點說，就是各取所需。台灣政府希望吸納一些真正有意在台灣長期生活和貢獻的人，把投資移民的門檻逐漸收緊，也是無可厚非。其實，如果是真心要來台灣長期生活的香港人，這移民門檻可能都不是最大問題，有很多香港朋友也說，令他們最頭痛的事，是究竟要在台灣做什麼生意？

香港培育出色打工仔

現在回想起來，我們那年代在讀書的時候，都常常被灌輸要努力讀書，將來就可以找一份舒適安穩的工作。那年代的父母都期望自己的子女做醫生、做律師等「師級職業」，就好像很少人會提及或教導孩子將來要做老闆創業，所以常常有不少香港的朋友苦惱地問我們，究竟移民來台灣該投資什麼、做什麼生意呢？

老實說，這個問題也是我們當初考慮移民台灣時最棘手的問題之一！

當年我們在香港還未辭職當全職爸媽前，都是打了十年工的「打工仔」，幾乎從未想過自己可以創業做老闆。

那時想來真的有點後悔，為什麼自己沒有什麼實際的技能傍身？

餐廳創業易　守成難

當然會考慮辦投資移民到台灣的香港人分很多種：有一部分是在香港已經退休的人；有些是已經賺夠了、每個月不用工作也有「正現

金流」的人；當然也有一部分像我們一樣，是真的要在台灣做生意維持生計的小家庭。

所以要計劃移民來台灣做什麼生意的時候，就先要弄清楚自己是屬於哪一組別？生意是否只需撐過投資移民條件要求的三年？還是會長期繼續經營下去？

當然如果是沒有賺錢壓力的人，其實來台灣做什麼生意也沒有太大所謂，台灣市面上就有不少加盟商向你招手，只需付上一筆加盟費，加盟商就會為你打點一切，生意也可以請人幫忙打理，抱著不論賺蝕的心態和本錢，就是無敵。

對於真的要在台灣謀生做生意的香港人，有不少人會選擇做餐飲業，就像在全世界各地，都有很多華人在他鄉開餐館，畢竟開餐廳創業起點沒有很高，難是難在如何長久經營下去。

台灣對「異國料理」的接受程度頗高，也願意花錢外出用餐，尤其對香港的食物很有興趣呢！但我們需要好好思考餐廳開設地區的目標客群、價格定位、運營成本以及獨特賣點。

客似雲來不一定賺錢

有很多初來移民台灣的香港人可能會陷入一個迷思，就是身邊台灣人朋友都會叫他們賣一些CP值很高（價廉物美）的商品，用價錢吸引顧客，可能看到人家的店好像有很多客人，就覺得他們應該是在賺大錢。

就像很多人會選擇來台灣開早餐店，就是覺得開早餐店的入門門檻相對容易，台幣三四十元就能買到一件三文治，一個人消費台幣幾十元就可以吃飽「埋單走人」。表面看似生意不錯、客似雲來，但有時候這種光以量取勝的生意，可能因為單價太低，利潤被壓得太微薄，最後連基本工資也賺不回來。

如果我們在店裡忙得一頭煙，天天做到昏天黑地，如何撐三年或更久？

我們也聽說過有些香港人會開物業管理公司、髮型屋、手作精品店等。這幾年在台灣做生意的經驗讓我們明白，無論是開哪一種行業的實體店，都要找到自己的特色和定位。台灣也有很多接受度很高的消費者，問題是如何讓他們願意埋單？只要是價格和產品質素成正比，實體店選址對準目標客群，貴價也不是問題。

的確，我們在這些年來感受到，台灣經濟發展其實還有很多發展空

間，只是在台灣每一個地區做生意的條件確有頗大的差異。只要我們肯多花心思、動動腦筋，不要盲目「跟風」，更不應該單靠便宜取勝，相信即使身處異國他鄉的競爭中，也可以找到自己的一席之地。

台灣人也最愛「有故事」的產品，一份對產品的心思和人情味，可能就是讓你這間實體店可以長久經營下去，又不會「做死自己」的小秘訣。

做生意要目光長遠

坦白一點說，香港人移民台灣生活，就是希望可以過上比較有質素的自在生活吧！

在台灣開第一間實體店做生意，起初難免會處處碰壁或是忙得焦頭爛額，這是一個創業難免的過程，但走過最開初艱苦的一段路後，我想大家都會希望這門生意可以好好經營下去，但又不需要自己天天被生意困在店內！

在台灣做生意，眼光不妨可以放遠一點，培訓一支可以和我們一起在生意上打拼的本地團隊！在台灣做什麼生意也好，一兩個人的能力實在有限，真的要靠這門生意在台灣養妻活兒，站穩陣腳後的下一步，就要思考比較長遠的計劃了。

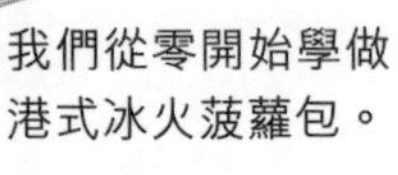

我們從零開始學做港式冰火菠蘿包。

3.2 在台灣賺錢的迷思

當我們每次分享說，在台灣的居住空間有多廣闊、生活節奏有多休閒、有序時，總會有人揶揄，在台灣生活環境表面很好，但台灣人打工賺錢少得可憐，大學畢業出來的年輕人月薪只有台幣兩萬多（約港幣五千多），所以有些人更笑說，台灣的生活落後，生活質素比香港的更差。

或許，真的還有很多人會以一個地方的賺錢機會多少，去認定那一個地方是否適合自己。但只要覺得有錢可賺，生活環境、社會公義、政治、醫療、教育等其他條件就可以不聞不問嗎？

賺錢 人比地方更重要

不過，賺錢能力從來都是看個人。就算你移民杜拜，不見得你會搖身一變成為有錢酋長；移民非洲，也不見得會餓得皮包骨。

任何一個地方都有生活潦倒的人，也有生活優哉遊哉的人。

台灣也有很多有錢人，當一個工程師台幣月薪三四十萬元的，也大

有人在。你若是有才幹，不見得在台灣只可以每月賺個港幣六七千元吧！

事實上，從香港移民外地的人，大部分都是自僱人士，自己做生意，所以做生意的環境和氣候，比當地人每月的普遍月薪水平更重要。

當然在全世界任何一個地方做生意也沒有必贏或必輸。

常常有很多人問我們，移民台灣後怎樣賺錢為生？其實這個問題真的有答案嗎？

投資移民台灣的最低資本門檻是港幣約百五萬，這筆錢在現在的香港可能連付買樓的首期也不夠，但話說兩頭，如果在香港生活，可以儲到這筆現金，證明你的賺錢能力也不太差吧？

其實我心底裡的答案，往往都很想直接告訴他們，如果真的選擇移民外地，就不要滿腦子想著怎樣賺錢。

真的要不放過一分一毫地賺盡，留在香港拼搏便好了！

移民到台灣後，一切夠食夠住，生活環境簡單寫意，還奢求什麼呢？

其實很多台灣人都覺得香港人「轉數快」，處事能力高，視野也較廣闊，所以很多時候在做生意上都有優勢。

香港人有Superman神力

記得曾經有位台灣朋友笑說，香港人來到台灣的鄉下地方做生意，就像Superman從家鄉Krypton（氪星）來到地球生活，從前在家鄉做的普通人、普通事，把那些能力搬到地球後便如有神助！

當然我覺得這個比喻實在有點誇張和抬舉，但香港人的生意頭腦和賺錢能力其實真的很出名。香港人在這大城市從小培養的理財觀念和國際視野真的裝備了我們不少，直到我們有機會向外闖闖，一試便知高下。

身邊越來越多父母三四十歲的年輕香港家庭，帶著小小孩移民到台灣來，在台灣這些大城市以外地方生活，衣食住行開支不大，那些從前在香港要賺十萬港幣才夠開支的家庭，可能在台灣賺十萬台幣已經豐衣足食！

雖然很多台灣人賺錢比香港人少，但依然知足常樂、一無所缺。我們選擇在不同地方生活，其實都是各取所需罷了！

3.3

我要開餐廳

很多人也會好奇，為什麼我們當初投資移民台灣時會選擇開餐廳？

本來是一個測量師和市場推廣經理，再到做了全職爸媽，然後毅然一家跑到台灣，在毫無餐飲經營經驗的情況下，在台灣開了我們的第一間餐廳，之後我們還另覓市區地方，開了一間規模更大一點的餐廳……一路走來，其實沒有想像中容易。

當初考慮到台灣投資移民，第一個難題就是要想：「我們做什麼生意？」究竟是開店賣淘寶貨、賣進口童裝，還是開親子廚房餐廳、開飲料店？當初也是滿腦子轉不停的計劃，那時候也有感到後悔，為什麼我們沒有一技之長或任何手藝？

有時候我也會在想，如果我沒有讀大學而是跑去讀法國藍帶廚藝課程就好了，那我就不用想得這麼頭痛。

或許我們這一家算是傻人有傻福，就只是因為想到，我們可以不用每天買衣服，但每日都要吃三餐，所以還是認為做一些「必需品」的生意比較穩妥。如此這般，我們便亂打亂撞地萌起在台灣開餐廳的念頭。

我們一手一腳DIY的第一間鐵皮屋餐廳。

香港餐廳打工實習　假日市集試水溫

為了先試一試我們開餐廳做生意的可行性，我們先從嘗試在香港擺假日市集開始，在市集中賣港式老火湯和小吃。當我們越來越明確要走開餐廳這條路時，我們夫妻也嘗試在不同的餐廳進行短期打工體驗，日子雖短但也獲益良多。所以如果大家想知道自己是否真的適合開餐廳，可以先試試在香港的餐廳工作取經驗。當然在餐廳打工和經營一家餐廳的學問大有不同，但起碼對完全沒有餐飲業經驗的外行人來說，已經足夠讓自己先試試水溫。

如果大家移民來台灣做生意，還是想開餐廳的話，我們就儘管和大家分享一下我們的創業故事！

我們兩夫妻都從來沒有餐飲業的經驗，當在香港臨行前才決定要在台灣開餐廳的時候，我們也有「臨急抱佛腳」，四處打探身邊開餐廳的朋友，找機會在朋友的餐廳廚房實習一下，另外我們也有跑去應徵餐廳的工作偷師。

其實當我們以目標為本，在餐廳觀察一兩星期後，就不難看出很多經營餐廳的大概營運模式。當然只是大概啦，就是從早到晚、從開店到收店、一日之內的運作模式，包括怎樣準備食材、點餐、出餐、招待客人和最後餐廳清潔部分等。

不是餐飲業出生，半途出家，有時候就是要這些精華式的工作體驗，雖然不見得實習幾星期，就可以讓我們踏上成功開店之路，但這些經驗最少讓我們心裡「有個底」。

第一步：確定餐廳選址

在台灣開餐廳或實體店也好，第一部分就是要確定餐廳選址！因為在不同地區開餐廳，決定了你的目標客群、餐點定價、裝修風格和競爭對手。

哪一個地點適合自己開餐廳？往往需要自己親身走進心儀的區域細心觀察。在台灣開實體店往往不一定要在人流很旺的地方，很多特色人氣小店就是躲在街角後巷呢！

重點是需要好停車！因為台灣人無論多遠或多近的地方，都是習慣開車點到點，除了大城市的「蛋黃」精華地區（市中心人流多、交通便利的繁榮地區）外，台灣很多地方的街道上，都幾乎看不到行人在走路，所以反正大家都是開車，實體店就設在附近可以停車地方，這樣就非常方便，也往往是吸引一家大小開車來餐廳用餐的重要因素！

第二步：鎖定目標餐點

下一步便是要計劃，餐廳究竟賣什麼餐點？精緻早午餐、港式餐點，還是美式餐酒館？我們當初在決定要賣什麼餐點的時候，就是本著一個最基本的原則，就是只賣我們喜歡吃的！

自己喜愛的食物，最能夠用心把它煮出好味道。現在網上資訊發達，隨便google一下，就有上百個食譜讓你慢慢試、慢慢煮。

第三步：認清客群定位

接下來是餐廳的目標客群。附近大型園區的上班族、本地居民、外來遊客，還是不愛煮飯的年輕家庭？

認清地區目標客群，了解他們的消費力，才有辦法針對性地釐定餐點的合理定價！不要以為餐點只要賣得便宜，客似雲來就是有錢賺的好生意。餐廳究竟是要以量取勝，還是貴精不貴多？大家要先想清楚！

其實在台灣開餐廳，往往餐點的選擇不需要很多，不需要像香港的茶餐廳，粥粉麵飯、中西日泰式什麼都有。你看看台灣的餐廳，賣滷肉飯的、賣牛肉麵的，很多時候都是獨沽一味。

尤其是如果本身餐飲經驗不多，可以先以幾款自己比較熟悉和有信心的主打食品開始，專心做好幾款令人驚艷的招牌菜，再加上細心的擺盤、新鮮實在的食材、舒適的用餐環境、親切的待客態度，對

於一間初開的小店餐廳來說，就已經難能可貴了。

第四步：排除法找店面

定位和餐點都心裡有數後，就可以開始找店面的緣分遊戲。如果對環境還不太熟悉，或者還不知道自己想找什麼類型的店面，可以先用一個「**我不喜歡什麼**」的排除方法入手，去蕪存菁，這樣就會慢慢知道應該要選擇什麼類型的店面了。

第五步：餐廳裝修 不必苛求完美

遇上了理想的店面後，就要看看大家開店的預算，想省錢的就要自己多動手DIY，**餐廳裝修各部分，盡量直接找廠商，避免用統包的裝修公司。**

因為有時候就算你捨得花錢做裝修，也不一定合乎心意，始終香港

人的要求和台灣人的有時候會有差異，尤其是我們初來新環境開餐廳，不見得第一間餐廳就要一擲千金，裝修得萬事俱備、富麗堂皇。有時候，餐廳走簡約風、工業風也不錯，不一定要花大錢訂製餐廳家具、做假天花等。感恩台灣還有IKEA（宜家家居），價錢相宜的北歐風格家具，就是我們在台灣開第一家店的好幫手。

當然開餐廳要準備的東西，不是三言兩語可以說清楚，始終香港人初來報到，在不是「自己地頭」的地方開餐廳，就要接受很多的不完美，很難一開始便一步到位，過程中學費總是要繳的。

我們當初的想法就是，反正在台灣租店面就是每月港幣幾千元的成本，在沒有太大租金壓力的情況下，除了自己的精神和時間之外，其實沒有什麼可以輸，開餐廳或做生意也沒有不敗法則，就是要「摸著石頭過河」。

選擇了移民這一條路，有時難免需要冒險！

餐廳CP值要高　餐點食得又影得

常常有不少打算移民台灣的朋友向我們查問，在台灣開餐廳容易嗎？可以賺錢嗎？

那當然不容易！台灣人雖然捨得花錢在外用餐，但凡事講求餐點的CP值，就是我們說的要「大件夾抵食」，而且在台灣幾乎個個都是「網美」，在餐廳吃飯都是「相機先吃」，所以我們在佈置餐廳時也

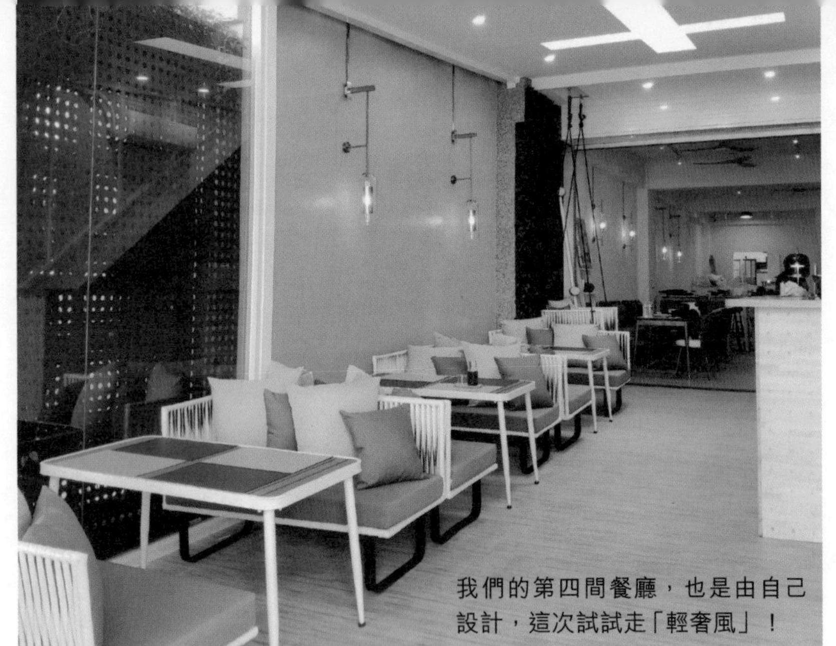

我們的第四間餐廳，也是由自己設計，這次試試走「輕奢風」！

要特別留意設計一些「IG打卡熱點」，餐點上的擺盤也要拍出來好看。

另外，在台灣找食材沒有像在香港方便。香港大部分食物都是進口，幾乎是有錢就買得到各國食材，但在台灣有不少都是本地時令食材，進口食材昂貴，例如夏天芒果季節一過，就很難找到食材製作楊枝甘露。

當然，在全世界任何地方做生意也沒有一成不變的賺錢方法，在台灣開餐廳就是開業容易守業難，但開業也是有一定的難度吧！

3.4 餐廳投資計計數

常常有很多人問我們，在台灣開餐廳需要投資多少呢？餐廳的選址對投資多少有直接的影響！

頂讓餐廳　花費昂貴

我們找店面的時候，也有看過一些本來已經在經營餐廳的店面，通常會配備有基本的廚房設備，如冷氣、抽油煙機、商用冰箱等，但往往發現，台灣本地餐廳的裝修風格都不是我們那杯茶，有時候如果要花錢拆掉裝修，最後的花費可能反而更高。

我們都有認識香港朋友在台北開餐廳，一間約三百多平方呎餐廳，頂手費便要八十萬台幣（港幣約二十多萬），除非是真的遇上一間裝修和現有設備都非常合用的餐廳，否則如果再要花錢「弄一弄」，這將會是另一筆可觀的支出。

不過，如果是開餐廳「初哥」，對開餐廳所需要的設備沒有太多概念，這樣頂手餐廳也是可以省卻一番功夫和時間。

這是我們的第三間餐廳，是頂讓回來的店面，我們把舊裝修全拆再裝修，花費大增，是我們寶貴的教訓！

雖然我們也是開餐廳「初哥」，但我們選址的地方不在大城市，所以很難遇上合心意又可以立即開店的頂讓餐廳。

開餐廳的入場費

我們都是小本經營，所以在裝修花費上都是「慳得就慳」，很多東西都是親力親為。我們也沒有找設計公司，就是靠我們兩夫妻在網上找資料、看設計參考書、四處去不同的餐廳參考觀摩，然後再集腋成裘。

雖然設計費確實是省了下來，但餐廳內外場的設備費用卻是省無可省，光是三台商用冷氣機就要約台幣三十萬，抽油煙系統約台幣十萬，商用洗碗碟機又再一個台幣十萬，還有廚房內的四門冰箱、不銹鋼工作枱、爐頭、洗手盆、層架等，再加上外場水吧的製冰機、收銀機、枱櫈、餐具等，錢像倒水一樣的流走。雖然我們已經是一邊看YouTube一邊學貼磚牆、粉飾外牆、鋪設樓梯等，這樣計算下來，以一間約二十個座位的小餐廳來說，光是設備上的投資就要近一百萬台幣了！

到了我們開第四間餐廳的時候，選址在餐飲業一級「戰區」，餐廳風格和路線也再提升，裝修和投資額就要翻好幾倍了。

在裝修餐廳期間，我們都發現原來很多本地餐廳，都愛找設計公司承包整個裝修工程，就是你花一筆錢，設計公司就幫你包辦整間餐廳所需要的設備和裝修佈置，這樣花費台幣四五百萬也只是基本的入場費！

夢想的代價

台灣人也喜歡租地建鐵皮屋或做貨櫃餐廳，從前我們都夢想著開一間設計風格獨特的貨櫃屋餐廳，但打聽後才發現，這樣的土地平整費、建築費加設計費，往往都要台幣千萬以上，所以我們都不敢再妄想了……

好不容易以為錢花了便可以開餐廳，原來好戲在後頭。在台灣聘請員工，老闆也要負上一大堆勞健保等福利，稅項又是另一個無底深潭。

有時候我們經過一些新開的餐廳，裝修很有心思，一看便知花費不少，但卻門庭冷清，是那種客人可以舒服地坐半天的餐廳。我們這些過來人心裡都不禁盤算，這些投資費用，什麼時候才能「回本」呢？或是等到什麼時候才能「有錢賺」呢？

或許這裡跟香港最不同的地方是，台灣租金便宜，就算餐廳生意不多，靠家族式清閒地經營也沒所謂？我的另一半常笑說，在台灣開餐廳的心理質素要很高，否則看到餐廳只有小貓三四隻地嘆咖啡坐半天，教那做老闆的，怎樣能冷靜地經營下去？

3.5

台灣店面選址攻略

自從台灣政府對投資移民門檻提高後，選擇投資移民的方式來台灣定居，無論是投資哪一行業，都需要開實體店。光是台灣一個桃園市就比香港大了，天南地北，究竟應該怎樣在台灣選址開第一間實體店做生意呢？

在哪裡開第一間實體店？某程度上取決於你選擇的居住地或孩子學校的位置。

不只看 Location

一個常見的迷思是，一定要在台北、新北市等人流興旺的「蛋黃」地區開實體店。

我們從第一間在山上非常偏僻的鐵皮屋餐廳開始，慢慢走進小區的市中心開店，然後再發展到在竹北市一級「戰區」的地方，移民台灣三年多，現在擁有四間餐廳。我們試過租路邊鐵皮屋、獨棟店面、全新透天一樓店面，更試過頂讓一家已經經營了十幾年的舊店面。

我們在市區開設的港式手作料理餐廳。

找店面累積的經驗告訴我們，初來報到，實力還未足夠的時候，開店不一定選擇一級「戰區」，因為要承受附近激烈競爭和高昂租金的壓力，成為炮灰的機會很大呢。

來到台灣後，從找店面開始，我們都是「摸著石頭過河」，從實踐中慢慢累積經驗，後來才發現原來找店面開餐廳也是一門學問！

找店面 Checklist

以下算是我們幾年來看店面時累積的小小心得，可以供大家在店面選址時參考留意。

位置

- 店面附近行業生態環境
- 鄰居（住宅區？商業區？這會影響店面對外的設備、營業時間、噪音等。）
- 停車位供應（電單車和私家車的停車位）
- 位於新建社區/新建大樓/透天/鐵皮屋/貨櫃屋？（如果是會產生油煙的餐廳，我們強烈不建議在新建社區設店，避免遇上「檢舉達人」住戶的風險。）

- 地段會不會淹水？
- 客群人流
- 店面位於農地/建地？

店面內部

- 店面採光/三角窗（轉角位）？
- 供電情況（電壓夠不夠？電錶要怎樣分配？）
- 供水/排水情況
- 儲存空間/獨立洗手間
- 天然瓦斯/接駁桶裝瓦斯？
- 水塔容量（台灣有些地方有時會出現缺水問題，所以找店面時也要留意其水塔容量。）
- 店面原有內部裝修/間格
- 與房東的溝通（一定要在簽約前爭取和房東直接見面和溝通，開店有很多後續問題要和房東協調，找一個可以溝通和合理的房東非常重要！）

我們常常說在台灣找店面，其實也是一場緣分遊戲。

經常有朋友問，我們第一間店面怎樣找？

我們經驗所談，最直接有效的方法，就是常常開車到你心儀的地區直接找。

因為在台灣很多地區房東都會直接在店面上面貼上出租或頂讓的字條，電話就寫在上面。看到心儀的店面，就把車停下來，直接打電話給房東或中介約看店面。像我們這些對台灣街道或地區沒有很熟悉的人，這樣找店面就是最直接有效的方法。

「591網」了解租金水平

像「591房屋交易網」這樣的房屋中介網站，也可以提供一些很好的入門資訊，連比較熱門地區的店面租賃信息也可以找到，從網上預先了解店面租金水平可以讓我們做到心裡有數。

一般來說，除了一些市中心的一級「戰區」外，地舖（台灣人稱為一樓店面）租金一般台幣月租兩萬元（約八百呎起）就有交易。第一次開實體店，租金預算每月台幣兩三萬元已經是蠻合理了。

我們總覺得台灣的房仲（地產經紀）對於租店面這回事沒有太積極，我們這三年多來，每次看完店面都會跟房仲說，還有其他好的店面就通知我們，不誇張地說，這段日子幾乎沒有一個agent會再打電話回來給我們，cold call就更不可能有了。

老實說，我們沒有在香港開店的經驗，所以不知道這些考量是否和香港的其實大同小異。在台灣開第一間實體店，可先以一個簡單的小店面作開始，不需要一開始便大灑金錢，重裝修投資。就算大家口袋很深，始終在台灣人生路不熟，先找一個「落腳點」，之後再慢慢大展拳腳也不遲！

3.6

台灣租店房東百態

我們來了台灣三年多，一直都有為餐廳的持續發展去找合適的店面，所以一路上我們也遇上不少千奇百趣的台灣房東。

先談談我們成功簽約的案例。

第一間簽下的，是在鄉間路邊不起眼的鐵皮屋，租金不可思議地便宜，房東是一位親切的老伯伯。那時候我們剛移民到台灣，幾乎完全沒有開餐廳做生意的經驗，還好第一次租店面就遇上一個好房東，他完全沒有干涉我們如何運用那間鐵皮屋。

無論是做外牆油漆翻新，還是拆除屋內的東西，他都給我們完全的自由。直到我們後來遇上不同的房東才知道，原來一個不干涉租客運用店面空間的房東，多麼得來不易。

老伯伯房東擔心店面裝潢過分漂亮

我們之後遇過一個老房東，他把店面內所有東西當成如珠如寶。過分誠實而且經驗「未夠班」的我們，如實地告訴房東，我們希望拆

除老舊的假天花、在水泥地鋪上木地板，也會拆除洗手間內那離奇出現的大浴缸……

想不到那房東居然說，我們這樣會把店面弄得太漂亮！

他擔心有一天我們不再續租時，傳統的台灣人不喜歡這樣「新潮」的裝修。事實上，我們將來也真的無法還原這些幾十年前的裝修，所以最後雞同鴨講，不歡而散。

大商家房東　想入股投資

在台灣租店面常常會遇上老人家房東，但我們也遇過一些很進取的投資商人！

當我們開門見山地打算從租約條款談起時，房東卻仔細地查問我們

我們第一家餐廳，是在山上經營的黃色鐵皮屋餐廳。

餐廳的經營、收支等情況，起初以為房東擔心我們日後會經營不善、無法交租，想不到談到最後，進取的大商家房東，說他想入股我們的餐廳，原來他根本不「志在」那幾萬台幣的租金，他想要的是我們的餐廳！

獅子開大口的房東

也有一些房東看到我們是香港移民來的外地人，更大膽提出在租期的第三年後要每年加租，而且租金加幅還不設上限，他說因為覺得我們的生意會很好！遇上這種如此抬舉我們的房東，我們只好速逃！

遇上好房東　要劏雞還神

從我們的經驗累積所得，租店面除了要看地點、人流等基本條件外，很多時候房東，也是我們選擇店面時不可輕看的條件之一。

從前天真地以為，能準時交租對房東來說便是一個好租客，但原來台灣的房東千奇百態。由於租店面做生意的租期一般最少三至五年，每天打開門口做生意，不時都需要房東幫忙維修，所以一個可以溝通又合情合理的房東，對我們在台灣做生意來說真的太重要！

因此要再次提醒大家，在簽租約前，一定要親身和房東見面！有緣遇上一個好房東，開店前真的要劏雞還神！

3.7

實體店裝修省錢大法

我們移民來台灣三年多，前後經歷了四間餐廳由零到開業的裝修。

從第一間鐵皮屋餐廳開始，裝修盡量親力親為，DIY 達人上身！

到第二間獨棟餐廳，因為店面規模大了很多，所以在裝修的過程已經要涉及很多水電工、木工、鐵工、油漆工、廚房設備商的參與。

然後到了第三間餐廳，因為是頂讓回來的店面，裝修過程還要涉及拆卸部分，搞定一間二千呎的店面，瞬間令我們在台灣開店裝修的戰鬥力大幅提升。

到了最近我們在竹北餐飲業一級「戰區」，開另一間比較高級有質感的餐廳，就更要涉及建築師、設計師幫忙才能成事。

簡單裝修先試水溫

當然，開不同的實體店有不同的要求，但大家初來台灣創業，無論各行各業，大概也是本著一個先開簡單店面，試試水溫的心態吧！

在台灣開店裝修這事情上面，我們要和不同類型的「師父」接洽，

其中一間餐廳的二樓更有可供包場的Party Room，裝修也是我們一手一腳做！

充分感受到港台文化的差異。為了避免「未見官先打五十大板」的吐血裝修費用，我們為不想或沒辦法全店DIY的創業新手，努力綜合了以下的幾個心得。

1. IKEA萬歲

在我們開第一間鐵皮屋餐廳的時候，幾乎店內所有的家具、燈飾、廚櫃、餐具等都是在IKEA採購。熟悉IKEA的朋友來到我們的店中，就笑說我們的餐廳根本就是一間IKEA陳列室。

我們這麼鍾情IKEA，是因為它的產品多元化而且價錢實惠，重點是在於我們走進IKEA兩三層高的萬呎大賣場中，不用東奔西跑就可以把店內大部分的東西順利採購，省下非常多的採購時間。

而且他們的產品好處是在於尺寸靈活，當我們從鐵皮屋餐廳搬到市區的餐廳時，幾乎可以將店內原本的家具全部搬到新店重用。

有人說IKEA的家具不夠耐用，但以我們的經驗所談，商業用的家具本來損耗率就高，如果一張台幣三四千元（港幣約八百至一千元）的餐桌，可以撐過兩三年，風格又容易搭配，那已經是開第一家店非常合適的選擇！

而且在我們最初沒有設計師的幫忙下，跟著IKEA的北歐風格做家具擺設，幾乎是最萬無一失的。

2. 直接找裝修師傅是省錢絕招

總是有很多台灣朋友，很熱心地介紹做設計統包工程的朋友給我們，當然這就是花錢省煩惱的做法，好處是凡事都有人代勞，而且可以免去不同項目各自找師傅報價和跟師傅溝通的煩惱。不過有時候台灣裝修師傅的風格和手工參差，有時候你花錢請人代勞，最後結果也不一定合你心意，而且一間店的裝修費往往就被提高了兩三成的支出。

我們的做法是，直接找師傅和工程公司報價。做店面大門就直接找鐵工，要安裝燈具就找水電工，要安裝洗碗碟機就直接找廠商。

台灣的「推薦文化」還是很盛行，有時候只要你找到一個可靠的木工師傅，他就可以給你介紹一堆鋪地板的、做水電的、做油漆的師傅朋友，雖然說是有朋友介紹，但是我們一定一定要先「格價」！

說實在，其實很多台灣師傅對於我們這些香港人做裝修時會先「格價」的文化很不喜歡，因為他們很多都是憑著一個「信」字去做裝修，但裝修費用是「海鮮價」，有時候找兩三家報價，「格價」後真的可以相距一倍的費用！

當然開第一間店就要自己親自找師傅做工程是有一定的難度，還好台灣店租便宜，就算是要多花一兩個月時間做裝修，白付兩三萬元台幣租金，這最後省下來的錢，遠比在裝修期付出的租金來得多。

當然要直接找不同工種的師傅做裝修工程，我們就需要一個清晰的頭腦，自己做監工的角色規劃和預計每個工程的先後次序。不過網上資訊非常發達，在網絡上已經沒有什麼資訊是找不到，想省錢就是要自己多做功課找資料。

我們在裝修第二間獨棟店面的時候，剛巧旁邊的店面也是開餐廳做裝修，有一天他們做裝修的統包師傅過來我們這邊聊天，師傅們豪言豪語、大大聲地說，他們那間大小跟我們差不多的餐廳，餐廳老闆就給他豪花了四五百萬台幣裝修設計費用，比我們整間餐廳的裝修費用高了三倍！

結果那邊的餐廳完工，我們立馬去參觀，發現那簡直是災難色的裝修風格！可愛風的氣球吊燈配上工業風的餐桌椅，還有那完全「九唔搭八」的手繪世界地圖壁畫，加上門外放了好幾個六呎高達機器人擺設，看得出那些統包裝修師傅，把所有不同的裝修風格共冶一爐、東拼西湊。結果那餐廳雖然花了大錢，卻經營了大半年就關門大吉，這個血淋淋的教訓，讓我們銘記於心！

3. 淘寶也是好朋友

在台灣其實也可以淘寶！不過就是不要輕易讓客人知道！

要知道台灣人對於從大陸做的東西或淘寶貨仍然頗為抗拒，總覺得那些東西便宜但質量差。

我們餐廳的燈具很多時候都是從淘寶買回來，只因在台灣找到的燈具款式實在是太老土了。當我們把燈具拿給水電師傅安裝的時候，他們都會驚歎那些燈具的款式很特別新穎，當我們告訴他們這是從淘寶買回來的時候，他們就馬上變臉，質疑淘寶貨的燈具撐不了多久。但當我們下一次又買回來一些淘寶燈泡，然後跟他們說是在網絡上買的，這次師傅就直接請我們幫他們多買幾個給其他客戶用！

事實上，在台灣很多網購的東西其實都是淘寶貨，即使在淘寶買回來的東西要付上運費，東西還是比在台灣買的便宜，或者是那些款式根本在台灣就很難找到。在淘寶上買東西也要懂得選店家的技巧，盡量選擇在天貓店買有高評價、高銷量的東西，失手的機會就會降低。或有時候在台灣實體店看到一些喜歡的產品，可以拍照然後再在淘寶用照片搜尋產品，往往都是便宜了一大半呢！

以上都是我們開了四間實體店累積下來的小小心得，在台灣的租金雖然便宜，但是在開店的裝修費上就可以有很大的差距，**少花一點冤枉錢，縮短店面投資的回報期**，希望可以讓大家在台灣的創業路上走得更順暢！

3.8

台灣人做生意之道？

「商場內冷冷清清，人流這麼少，商店怎樣生存？」

「這樣一間小店，就只賣個花生糖也可維生嗎？」

「為什麼餐廳可以週休兩天？這樣也可經營？」

這些都是從香港來台灣探望我們的家人和朋友逛商場時的感想！

門庭冷落　老闆「計唔掂數」？

當香港來的親人到台灣探望我們，我們會帶他們到附近的商場和大街走走，他們看到商場內「冷冷清清」，但商店內的店主都一副神態自若，好像也不愁沒生意的樣子。

已經習慣了在商場或街道走路時也人迫人的香港人，到了我們這些台灣小區的商場shopping時，整個商場就好像只有我們在「包場」，頓然感到有另一種不習慣，心裡也不禁想著三個字「點生存」？

最初我們來台灣為開餐廳找店面時，常常有一種匪夷所思的感覺，尤其我們住的地方不是大都市，幾乎很難看到餐廳人頭湧湧的場

面。有時候經過很多商店都沒看到客人，或是看到有些本地小店只是在賣些文青的小物品時，我們心裡都不禁盤算著，這樣的店每天有多少生意呢？

縱然台灣店面的租金便宜，大街上地舖的月租約台幣兩三萬起（約港幣五六千元），但這樣的生意就能維持生計嗎？

加上這邊的商店和餐廳每天經營時間也不長，所以我們常常心裡也為他們「計唔掂數」！

冬天來了，在我們社區街頭上的餐廳和商店生意更見冷清，就像我

們的餐廳，夏天和冬天的生意額也有約相差兩成！

台灣北部的冬天又潮濕又大風，大家都不願外出，生意也更難做了！但看著台灣本地店舖的老闆，都習慣了這邊經營生意的淡旺季，好像只剩下我們這些香港人老闆感到不安。

我們都仍不時在社區看出租的店面，所以也特別留意各個不同位置店面的人流和生意情況，像我們這些小社區的大街上，其實人流也不少，就是商店和餐廳種類的重複率頗高！

一條街中就有幾家賣鹽酥雞、牛肉麵、火鍋、湯包的小店，有時候看到一些剛放租的店面，幾天後便有新租客進駐和開張，賣的依然是滷肉飯、牛肉麵等台灣味道。當一條街已經有幾家牛肉麵時，為何還會有人想再開牛肉麵店呢？

安分守己的獨沽一味

另外，大部分店家在餐廳裝修、食物種類方面也大同小異，大家都好像安分守己的你賣你的、我賣我的，也沒有說哪一家生意特別好，這樣的情況我們仍是搞不懂。

我們心裡只想著，如果有人敢在這裡開一家港式雲吞麵店，或是韓風fusion餐廳應該也大有作為。還是可能只有習慣滿街都是異國料理的香港人才會有這想法？

或許台灣的小區就是這樣簡單，很多本地人都只是實實在在的喜歡吃台灣傳統味道，吃過異國料理嚐鮮過後，還是喜歡回到滷肉飯和牛肉麵的懷抱，畢竟這些食物的價錢最親民。

至於為什麼那些商店和餐廳的老闆，天天面對著那不太多、也不太少的生意，仍是日復日地經營下去，我們唯一想到的原因，便是台灣人和香港人營商的模式和壓力根本不一樣。或許在這些小社區做生意，老闆每天一邊悠閒地和街坊談天說地，一邊兼顧著生意地過日子，著實沒什麼錢賺，但卻滿足、平淡地過著一切也剛好便夠的日子？

3.9

台灣加盟店也瘋狂

「我們的加盟店有別於傳統連鎖加盟餐飲業者……」我們曾經去過台北參加台灣一年一度的加盟展，我們聽了幾個不同的餐飲加盟商的詳細介紹，那句說話幾乎是每一個加盟商的典型開場白！

加盟其實是指由許多個別店舖經營者，透過總部的指導，經營相同品牌連鎖店的一種經營方式。

早午餐店加盟費連裝修花約30萬

以餐飲業加盟商為例，一般加盟總店會從找店面開始為加盟者提供協助，幫忙分析那店面是否適合開店。落實租下店面之後，加盟總店會安排所有店面的裝修、機器設置，連餐廳內的椅桌、餐具、杯杯碟碟等也會為加盟者全部準備好。在店面裝修期間，加盟總店也會提供幾堂課程給加盟者，傳授經營餐廳、烹調食物、出入貨管理等技巧。

當然，天下沒有免費的午餐，這還是一頓非常昂貴的午餐！

由最簡單的早午餐店說起，一般簽三年加盟合約，加盟費約七十萬

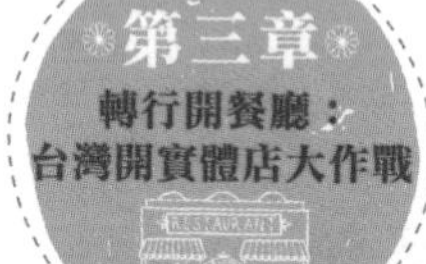

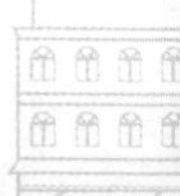

台幣（約港幣十八萬起），一些較知名的餐廳，加盟費則以台幣百萬元計！

我們之前在市區看到有一間加盟連鎖的早午餐店面要頂讓，那老闆說：「我們開了這間早午餐店一年，當初加盟費大約台幣七十萬，但因為這七十萬只包括裝修約二十坪（約六百多平方呎）的店面面積，我們這裡三十坪又要再追加二十多萬的裝修費，而且裝修費不包括冷氣、音響、大門玻璃，所以所有東西加起來我們投資了差不多台幣百二萬（港幣約三十多萬港幣）！」

食材要向加盟總店入貨

對於大部分打工仔月薪只有台幣三萬左右的台灣人來說，這個一百二十萬究竟要花多少時間才可以儲起來呢？

這間連鎖早午餐店的套餐連飲品才不過八九十元台幣（約港幣二十元），當我們在7-11買一杯咖啡也要台幣五十元的時候，這真還算是非常實惠的早午餐店。所以一天要賣多少份套餐才可以抵消那加盟費，大家也心中有數吧！

大部分加盟店都是老闆夫妻/家庭落手落腳經營，每個月賺的可能就是自己那份比外面打工多一點的人工！

絕大部分加盟總店還會以食物安全為由，要求加盟店所有的肉類和麵包等原材料也要跟總店入貨，即是又要給加盟商賺一筆；有些加

盟總店還會收每月營業額1.5%的「品牌管理費」；如果加盟店要提前解約，當初付的二十萬保證金更會被沒收。有些加盟總店其實只有一間，卻經營了全台過二百間的加盟商，那真是「豬籠入水」！

我們自己都經歷過由零開始一手一腳建立一間餐廳，也非常明白外行人如果要入手開餐廳，確實需要處理很多繁瑣的工作，單是要買各種機器等生財工具、店面排煙抽風等裝修工程，都讓很多人不知如何入手。

但現在網絡資訊發達，在我們努力上網「爬文」之後，其實餐廳很多地方都可以DIY，投資金額真的可以比開加盟餐廳便宜非常之多，而且大部分這類加盟餐廳提供的餐點，在烹調上都不需要什麼特別的技巧，最常見都是意大利麵、燉飯和pizza等公式化的餐點。

我們都知道有不少辦投資移民台灣的香港人，最初也會用加盟形式開餐廳做生意，這確是一個花錢買回來的懶人包。

懶人包當然要付出代價，究竟值不值得？那便是家家有求、見仁見智了！

3.10

台灣請員工不敗法則

香港人投資移民台灣的最新門檻中，新增了要聘請兩名全職台灣人員工的要求，這令我們初來台灣創業開店時，就要付上額外的人力開支成本。

在地FB社團免費發招聘廣告

當然最簡單的方法，是在店面大門的玻璃上貼上招聘告示，然後還可以在店舖的Facebook專頁中貼文徵人。

在台灣不同的地區都有很多在地社區群組，好像是「我是桃園人」、「竹北大小事」等Facebook社團。社團內往往有幾萬至數十萬的成員，當中有很多社團都有開放特定時段，讓群組內的成員貼商業文，免費在群組內發佈店舖廣告或招聘廣告。

因為我們這些地區性的小店，不太可能吸引到員工跨地區上班，所以這些影響力非常大的地區性Facebook社團，是其中一種免費但有效的途徑，可以聘請到在地居住的員工呢。

當然也可以使用一些需要付費的大型招聘網站如：

-518求職網

-104人力銀行

-1111人力銀行

聘一個員工 實際支出約八千港幣

收到履歷，然後就是約面談。不過在此之前，大家也要熟悉幾項比較重要的台灣《勞動基準法》規定。

例如，2020 年的台灣最低基本工資為月薪台幣二萬四、時薪是台幣一百六十元，然後一般員工的待遇是月休八天，還要給台灣員工提供勞健保（勞工保險及全民健康保險）、三節獎金（農曆的春節、端午節、中秋節等三大節日）、員工聚餐、生日獎金、年終花紅等福利。

簡單來說，聘請一個台灣員工每月的基本實際開支，就是約台幣三萬元（約港幣八千元）上下，這個在台灣當老闆的，就要心裡有數了。

老實說，我們都感覺台灣的勞工法是比較保障員工福利，我們這些經營小店的老闆，有時候就要多跟員工溝通，保持工作上和法規上的彈性和平衡。

台灣的《勞動基準法》則層出不窮，但法規是死的，人是生的。不要故意令台灣比較善良「好講話」的員工吃虧，也不要令我們這些小資老闆沒有生存空間，才可以令員工和老闆之間達成雙贏局面！

3.11

餐廳一變四

說實在，當年我們來台灣開第一間鐵皮屋餐廳時，根本沒想過餐廳將來可以有什麼發展，完全體驗了什麼叫「摸著石頭過河」、見步行步的創業心態。

老土地說一句，計劃趕不上變化！彷彿移民後的生活就是這樣的有趣，離開了我們的舒適圈，跳出了被綁了幾十年的框框，生活上好像突然變得什麼也可以做，什麼都可以去試試。未知的路難免會令人感到沒有安全感，但往往驚喜就在轉彎處。

我們一家人從一家四口到現在一家五口，從一間兩夫妻默默打拼的鐵皮屋餐廳，走到現在感恩地擁有了四間餐廳，售賣著我們懷念而且熟悉的港式餐點。一開始的時候，我們根本對餐廳運作、餐點製作、餐廳營運一竅不通，不過是本著香港人「打不死」的精神，將勤補拙。每一樣餐點，都是先在網絡上找不同的食譜，然後親自嘗試，不斷地試吃，再不斷地調整。

不能假手於人的創業路

我在生三弟的時候，剛剛遇上我們正在籌備一間港式甜點店，因為

我坐月子不能到餐廳幫忙，老公就每天把用不同配方調製出來的雞蛋仔和蛋撻拿回家給我試味。我幾乎每天就是把A、B、C、D款不同配方做出來的雞蛋仔當「坐月甜品」，在沒有做雞蛋仔的老師傅幫忙下，我們就是這樣一步一步，把食物調配到我們滿意的味道才最終呈現給客人享用。

在台灣開店、開餐廳，沒有一朝得志的「黃金法則」。當我們夫妻朝著同一個方向努力，並感恩地讓我們遇上一些和我們志同道合的台灣夥伴，默默地和我們一起細心耕耘，慢慢發展成一個共同成長的團隊，才讓我們可以有機會把我們在台灣的生意發展下去。

當然每開一間餐廳，都需要經歷一個漫長的籌備過程，尤其是我們選擇盡量親力親為，每一間餐廳都像我們的孩子，想親手把他培育成長。只有我們親身參與餐廳的營運，才能理解每一間餐廳的經營方式和問題癥結，然後待生意慢慢步入正軌後，才可以放手給我們的團隊繼續營運。否則單憑我們兩夫妻的力量，兩雙手實在沒辦法兼顧餐廳所有繁複的大小事，我們的生意也沒辦法慢慢成長。

從我們簽下每一間餐廳的租約開始，都是自己親手設計餐廳的裝修風格、籌備材料採購、設計餐單等，這個過程雖然有時候漫長得令人筋疲力盡，但同時也帶給我們創業路上的滿足感。

不能心存僥倖的長期作戰

老實說，在台灣創業應該說是相對容易，因為比起每月最少幾萬元月租的香港，這裡的創業成本，實在低得有點不可思議。但是畢竟一個異地人要在一個人生路不熟的地方長期經營一門生意，就不可能再心存僥倖。

在台灣做生意，我們的目標就是夠吃、夠住、夠交學費，畢竟我們千辛萬苦移民來台灣不是為了掘金賺大錢。我們希望賺回來的，是一家人的生活，是孩子有選擇、有自由的教育環境，還有我們意料不及地賺回來的一口自由空氣。

還有，在台灣的創業路上，我們的宗教信仰，也是我們面對未知前路的重要信心來源，讓我們一家人在台灣的生活和機遇，往往超出我們的所想所求。沒有一朝得志，更沒有大富大貴，但心裡面的那份感恩和知足，已經足夠讓我們一家人繼續在台灣大踏步往前走。

> 哥林多前書2章9節：
>
> 「神為愛他的人所預備的，是眼睛沒有見過，耳朵沒有聽過，人心也沒有想過的。」

第四章

孩子大作戰：台灣上學去

4.1

飄洋過海
讀森林學校

2016年暑假，當我們夫妻二人還在香港當全職爸媽陪伴孩子成長的時候，我們就一起在香港的鄉師自然學校完成了師訓課程，並從那裡得知原來香港很多體制外的實驗學校，都是參考台灣的森林學校。那時候我們的大兒子快要升小一，幼稚園開始安排我們參觀區內的小學，參觀本地傳統小學的經歷，觸發了我們為孩子尋找更廣闊的升學選擇。

我們走遍了在香港的華德福及家長辦學的教育團體，發覺這類體制外的學校，原來也常常參照台灣森林學校的辦學模式。我們索性把全台灣的體制外實驗學校資料也讀了一遍，然後就趁著那個暑假和孩子來了一場台灣實驗學校巡禮。

遇上喜歡的學校其實也是一種緣分。

不在森林的森林學校

所謂「森林學校」，其實是泛指體制外的學校，這類學校不一定是設在荒山野嶺的森林之中。不同模式的森林學校，如創意學校、華德福、蒙特梭利、自然生態等各種理念教學，在台灣各大城市中遍地

開花。

就在桃園小區的半山上，我們參觀了一間體制外的一條龍式森林創意學校，它們有幼稚園、小學和中學部。學校採用類近北歐的主題式教學。

沒有分科的主題式教學

擁有偌大的校園在台灣幾乎是件理所當然的事。

那間森林學校採取主題教學不分科目，老師依照自己最想研究的主題設計課程，再由老師和學生共同討論慢慢架構出課程內容，老師幾乎每個月都會帶著孩子們，到不同的地方進行主題學習。

例如，學習主題是有關台灣鐵路，老師就帶著孩子們走遍不同的鐵路站，途中教授孩子們鐵路歷史、車資計算、行車時間運算、車站名稱的來歷，通過戶外參觀和生活體驗，把中英數常等科目的知識，真正融入生活。

這種主題學習讓孩子走出課室，親身用眼看、用耳聽，使他們取得第一身學習經驗。這種「旅行」的學習方式，比起讓孩子啃下一本台灣鐵路歷史書的效果好太多了！

每個月都可以出走校園，在不同的地方參觀學習，這難道不是孩子的快樂學習天堂嗎？

「如果我們從小就有機會在這類學校中成長，我們的人生，是不是會很不一樣？」參觀學校後我有感而發。

我們只希望讓孩子對學習保持熱情，還他們一個愉快學習的童年。

孟母三遷　談何容易！

小孩子來這邊讀書當然會更輕鬆開心，但是也不能不顧大人的生活，一家人無論大小都喜歡台灣的生活，在這邊落地生根才會是真正享受！

其實我們又不至於單純為了孩子在台灣讀森林學校，而舉家移民來台灣這麼偉大，為了小朋友讀書，可能只是一個讓我們最初泛起移

民念頭的契機。如果要讓夢想成真，其實路還很長，一家人要真正放得低、走得動，還需要累積更多的勇氣、找到更多出走的理由……

還記得，兩個孩子終於在台灣森林學校開學的那一天。我們一早起來就在學校門外等候，看著兩個孩子從容地站在學校門外四處探看，我心裡只冒出兩個字：「終於……」

那天，我故意請老公牽著兩個孩子，往課室走過去，這一幕，就正正重溫了我們第一次來到這間學校參觀時，爸爸牽著兩個孩子走進校門的場景。

我是故意走在他們後面觀看這一幕，天知道我們為了讓孩子在這裡上學，中間付出了多少的努力。

4.2

孩子一個月學會國語

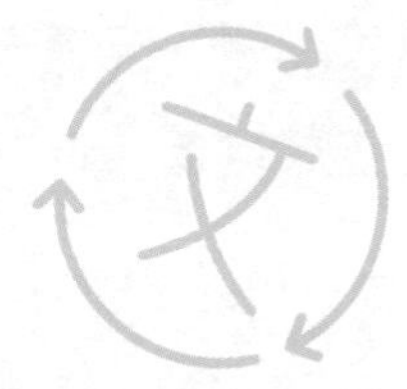

King Kong哥哥篇

「媽媽，今天陳奕萱代表我們班參加足球比賽！」King Kong哥哥在洗澡時跟我說。

我：「他是男孩還是女孩？」

哥哥：「男孩子！」

哥哥續說：「最後小班贏了比賽！那一隊裡面有小班、中班和大班的同學呢！」

King Kong弟弟篇

在我請弟弟幫忙做家務摺疊整理衣服時……

「哥哥這個是你的東西，那邊是我的東西！」King Kong弟弟喃喃自語。

兩兄弟無聊對話

「笨蛋，你幹嘛？」哥哥說。

「什麼，你好奇怪呀！」弟弟回著。

與生俱來的學習潛能

這三段看似微不足道的無聊對話，其實都是King Kong哥哥和弟弟，在來了台灣上學後一個月，用字正腔圓的國語在對話！有人說，當你可以用一種新語言和人家無聊對罵時，你就已經掌握了那種語言的精髓！哈哈！

在此前的一個月，弟弟就只懂一句國語：「我要上廁所！」，哥哥也只是懂說：「我要一杯珍珠奶茶！」

想不到在台灣上學還不到兩個月，孩子們就已經學會了在日常生活中的國語對話，孩子們對學習國語的四聲，好像有與生俱來的能力，就是那種「低音甜、高音準」的水平呢！那時候，兩個孩子還在讀幼稚園呢！

我相信，這不是因為我家孩子特別聰明，而是每個小孩子都天生擁有的學習潛能，真的不能看輕孩子學習和適應新事物的能力！

這印證了我們常常說的，其實一家人在新的地方重新開始，最難適應的還是我們這些大人，小孩子嘛，很快就適應過來！

不用兩個月就學會外語呢！這讓我們心裡都很佩服孩子。

「哥哥現在說話很多！幾乎任何時候也在跟同學用國語交談！現在說國語已經很流利呢！」King Kong 哥哥的幼稚園班主任好像已經發現他本來愛說話的那一面！應該除了在上學頭兩星期「有口難言」、比較安靜外，哥哥早已慢慢露出他的「真面目」。

「公園有鯊魚！」

「媽咪，老師話落雨時，學校公園有鯊魚！」King Kong 弟弟回家後，好幾次一臉認真地跟我們說。

初時我聽到這童言童語，以為是老師不想下雨天小孩子嚷著要跑到公園玩水，所以跟孩子說公園有鯊魚便算了！心裡還在想老師這個說法都蠻有創意呢！

「媽咪，今日公園又有鯊魚啦！」King Kong 弟弟又來了！

這一次，我像突然茅塞頓開，終於弄清楚弟弟說什麼了！他說的「鯊魚」，其實是老師口中用國語說的「下雨」呢！應該是老師說外面「下雨」，弟弟卻誤會老師說學校外面有「鯊魚」！當我們破解了這段摩斯密碼後，笑到幾乎肚痛！

有時候，我也偷偷聽到，他們兩兄弟用國語交談，簡單的幾句對話，卻讓我們心裡覺得好安慰。

孩子的適應力　遠比想像中強

本來兩個口若懸河的孩子，當知道他們在學校的初期，因為「有口說不清」，突然間變成兩個很安靜的孩子時，我們做父母的心裡都有種戚戚然的感覺，擔心他們會不會從此封閉自己？不想在新環境裡和人接觸？或因為自己在朋輩中的不同而感到不開心？

看來是我們輕看了孩子，他們都很快便好好適應過來！學校老師都有跟我們說，請我們在家中也多跟小孩用國語對話，但我們都沒有刻意這樣做。其實我們心底裡都知道孩子很快便可以學懂國語，反而擔心他們會慢慢失去說廣東話的靈活能力呢，所以在家中，我們還是用母語跟他們說話好了！

當我和King Kong爸爸開口說幾句話，就給人認出不是本地人口音時，孩子們早已經可以琅琅上口地說出幾句純正國語啦！小孩子在這段時期的吸收和學習能力，遠超我們想像。

現在，我們已經移民了台灣三年多，兩個孩子一開口，便是字正腔圓的「台灣仔」腔！還可以立馬翻譯廣東話成國語，兩種語言已經可以非常靈活地運用！只剩下我們夫妻二人，一開口還是給人知道我們是香港人啦！

4.3 有選擇的台灣教育

應該可以這樣說，在任何一個地方，都總會可以找到適合自己孩子的學校。

教育在乎選擇

在香港，可以負擔到送孩子讀國際學校的家庭當然不需要擔心什麼，但在香港讀書，最尷尬便是夾在中間的所謂「中產家庭」，高不成低不就。一方面，父母總想給孩子最好的讀書環境，想逃離公立學校的傳統教學模式；但另一方面，要送家中所有孩子去讀私校，爸媽非但要努力工作，甚至還要花掉至少「半份」家庭收入。

就算是做父母的看得開，想給孩子一個比較輕鬆和開心自由的學習環境，在香港要把孩子送去一些體制外的Happy School，每月學費也總要六七千港幣起跳，而且那些「勇敢爸媽」還要承受來自其他家長、姨媽姑姐舌頭上的壓力，面對各式各樣的質疑，比如什麼要考慮將來升中問題、英文程度不夠好、輸在起跑線等。

其實無論是主流或體制外的學校都各有優點與缺點，區別只是在於教育理念上的選擇不同！

要讓孩子開心學習，原來少一點金錢也很難做到……

我承認在台灣讀體制外學校的學費也並不便宜！

但起碼在台灣非主流學校選擇比在香港多，華德福、蒙特梭利等學校發展也很成熟，現在甚至有很多國小也加入實驗小學的行列，紛紛改行主題式教學。

因為台灣政府對這裡的體制外學校也有強大的支援，這就是台灣非主流學校也能百花齊放的重要原因！

雖然像我們辦投資移民來台灣定居的香港人，只要取得台灣居留證後便可以報讀台灣的國立學校，但在台灣讀國小可能不是太多香港移民人士的那杯茶，不過起碼我們還是可以自由選擇！

當然也有些台灣朋友告訴我們，在台北或大城市的一些學校對小孩子也很催谷，學校或家長的怪獸程度完全不輸給香港。

能力比知識更重要

很多香港的朋友家長，也很好奇我們孩子在台灣森林學校上學的情況，通常第一個問題是：「孩子開心嗎？」；緊接著第二和第三個問題便是：「孩子升中銜接怎麼辦？」、「要送去外國讀書嗎？」

我們只是覺得在台灣讀書環境比在香港輕鬆，沒有那麼多一星期要上八個興趣班的繁忙兒童，而且在台灣，學校的孩子也比較單純。今天給孩子硬塞進腦袋的知識，二十年後可能已經被淘汰；現在隨便上網Google一下，幾乎什麼問題都可以找到答案。所以在今時今日，讓孩子有一個空間學會找答案和解難是不是更重要？

為孩子自由思考打下根基

至於孩子將來的升學銜接，森林學校的老師也坦白地跟我們說，當小孩子從小可以在一個有創意自由的空間裡，建立一套懂得尋找答案的思考模式後，就算是將來要到傳統學校讀書其實也不用太擔心。

很多台灣人都很羨慕香港兩文三語的學習氛圍，不明白為何我們會逆行其道讓孩子在台灣讀書。

我們千里迢迢來到台灣讓孩子在森林學校上學，只是為了讓他們在一個比較自由的學習環境中找到自己的天賦，或者就是單純地還他們一個開心童年。

每個孩子的氣質和性格都不同，世上沒有完美的學校，但一個有選擇的教育制度，對我們下一代來說太重要了。

4.4

不同類型學校怎樣選？

最近這幾個月，都不約而同有幾個香港家庭朋友，打算移民來台灣讓孩子在台升學。有的一心要來台灣讀華德福學校，有的鍾情森林學校，也有家庭依然重視孩子的英文能力，所以想選擇台灣的雙語國際學校，當然也有家庭覺得讓孩子讀本地的公立國小便好了。大家對於來台灣讓孩子就讀的學校各有喜好，畢竟每個孩子的特質也不一樣，多元化的學校選擇，的確可以讓我們按著孩子的特質挑選合適類型的學校！

曾經也有不少香港家長向我們查詢，擔心台灣學校的教學水平或英語水準是否比得上香港。其實台灣很大，學校很多，水準也很參差，但不同教學模式類型的學校，在台灣都可擁有自己的生存空間。有選擇的教育，總比沒有選擇的好吧！

相對輕鬆的台灣公立學校

想在台灣讀公立學校，香港人在台灣取得居留證後便可以申請入學。

公立小學的低年級，一星期有四天中午12時便放學，三、四年級一

星期有兩天放中午12時，高年級則一星期只有1天放12時，所以有很多雙職父母在孩子半天課後，都會選擇送他們上「安親班」，讓孩子留在那些類似補習中心的地方做功課、吃午餐，直到傍晚時分由家長接載。雖然我們的孩子沒有親身就讀國小的經驗，但據知國小的課程和香港的也大同小異，不過功課和考試量都比香港的輕鬆吧！

主題式教育的台灣私立學校

另外如果是在台灣選擇讀私立學校，孩子也必須先取得台灣居留證。台灣私立學校的學費差距很大，一般每月學費約台幣八千元（約港幣二千）起跳，出名的私立學校月費可以高達約三萬元（約港幣八千），差不多等於台灣一個普遍打工仔的月薪了！

台灣私立學校也有不同的教學主題，有華德福、蒙特梭利、創意學校等等，選擇性比較多。我家的孩子就是就讀台灣的私立創意小

學，師生比例大約是一比十五，也是屬於香港家長最愛的「一條龍式學校」，有幼稚園、小學和中學部。

學費不菲的台灣雙語國際學校

如果父母還是在意孩子的英語程度，另一個選擇就是就讀台灣的雙語或國際學校。

在台灣最著名的康橋國際學校，孩子不需持有外國籍護照都可申請，但就需要依不同校區的戶籍限制，例如新店校區之學生須設籍雙北市，新竹校區之學生須設籍竹苗地區。

大部分的國際學校也有行雙語班或國際班IB課程。雙語班也是上台灣課綱，但就加強了英語課程，英文節數比普通學校多二三倍。如果是國際學校中學的IB課程，每學期的學費就高達台幣三十萬元呢。

有很多台灣朋友說，其實在台北很多學校仍然和香港一樣，讀書壓力很大，競爭也很激烈，但台灣大部分的學校依然是比較happy school。看到孩子能開心的學習，爸媽也有一個原動力去努力工作，再默默的賺學費回來呢！

台灣實用選校網站：

親子天下 • 選擇學校平台 school.parenting.com.tw/
（全台灣逾4000所公私國中小及高中學校資料庫，提供《選擇學校線上特刊》）

4.5

森林學校功課考試實錄

「你會想返香港住嗎？」在車上我隨口地問King Kong哥哥。

「唔要！」想不到他斬釘截鐵地回覆我，讓我忍不住好奇地追問下去。

「返香港日日要做咁多功課，我唔要！」想不到沒有體驗過在香港讀小學的哥哥，單單只是聽了他在香港舊同學仔的分享，就已經聞風喪膽！

代孩子向傳統教育説不！

回想起當年我們最初萌起移民的念頭，就是因為我們和孩子在香港參觀附近的小學。在課室中和那些小一孩子一起上堂，我和老公也快要睡著了。看著他們小小的年紀，便要面對刻板的教學內容、一大堆抄寫式的作業，我們都知道這些不是我們想要的。

孩子年紀還小不懂拒絕，不知道不合理的要求要表達出來，但連我們做父母都覺得「頂唔順」的東西，我們只好代孩子Say No。

King Kong哥哥來到台灣讀體制外的主題式創意小學，當年剛上小一的他，也開始要面對「功課」！

每天放學後，他都會主動把功課拿出來快速完成。其實所謂的功課就是每天用圖畫記錄每天上學深刻的事情，但這份看似簡單的「畫公仔」功課也是有嚴格要求的。老師一步步要求孩子把圖畫畫得更仔細，要記錄當天那事件的背景、時、地、人，老師也特別叮囑家長們不需幫助或陪伴孩子做功課，讓他們培養自己的功課自己能完成的概念和責任感。

或許在很多家長眼中，在這裡的「功課」根本說不上是功課，但我們覺得六七歲的孩子需要放在功課上的時間，就應該只是這樣，因為在他們的小小世界中，還有太多更重要和有趣的事情等待著他們去發掘。

除了畫畫功課外，台灣的小學生還需要開始學注音，在香港土生土長的我們對注音一竅不通，我們就索性和孩子一起在網上找資源邊讀邊學，這大概就是他們小一每天所需要面對的全部功課。

闖關遊戲代替考試

他們也沒有默書和紙本考試測驗，但是就有老師為他們設計的闖關遊戲！孩子們分成小組，然後老師按那學期的主題學習和本科知識，設計不同的闖關遊戲，讓孩子在遊戲模式中實驗學到的知識，從而讓大家看到孩子的學習成果。

其實就算是傳統的台灣本地國小，普遍來說功課量和考試也比香港的輕鬆多了。國小學一二年班，一星期只有一天是全天教學，其餘的都是半天教學，到了高年級再慢慢增加全天教學的日子，逐漸配合年紀漸長孩子的學習需要。

有些台灣朋友跟我們分享孩子讀國小的功課量，通常在一小時內就能順利完成。

當然，怪獸家長和怪獸學校全世界都有，在台灣很多雙語學校、美語學校，功課量和考試也可以非常進取！

移民來台灣，我們就是為了那「連爸媽也想去上學」的學習環境，或許就是一種「己所不欲，勿施於人（孩子）」的概念吧！

4.6

讓孩子走出教室吧！

讓孩子把知識應用在日常生活中，或是反過來說，從日常生活中學知識，其實就是孩子學習的本質意義？

其實在台灣越來越多學校也會設主題學習課程，大家都開始明白把孩子困在四面牆的教室裡，並不是一個最理想的教學模式。

大學論文式的學習主題

每一次森林學校開學的時候，收到他們每個學期不同的學習主題通知單，是真的讓父母很意外。二哥在小學一二年級的主題是「認識草本植物在生活中的應用」，大哥小學三四年級的主題是「探究山林資源的取用法則在生活中的應用」，小學五六年級的主題是「從全球糧食供需現況探討台灣糧食安全的危機與因應對策」，中學一至三年級的主題是「結合自然運作機制與智慧裝置控制，探究微耗能環境建構的可行性」。

這些學習主題，彷彿就像我們大學時做論文的題目。

學校創辦人也跟我們分享：「學習主題名稱的選定猶如論文題目，

如果老師只將一個名詞視為主題名稱，例如昆蟲。這樣的課程安排，或許只剩下相關性。課程安排時，必須具備相關性、連結性、順序性、邏輯性。如果只有一個名詞，只有相關性，知識是散落的、孩子學習興趣會大打折扣，最後教學結果也會缺乏統整性和評量的依據！審核老師們絞盡腦汁編排出來的課程，越來越有挑戰，主題的廣度和深度逐年增加，這是教學相長的結果。」

說實在，看到這樣的學習主題題目時，心底裡真的有一點佩服，也有一點羨慕。想當年我們在小學階段的時候，天天上的都是沉悶和公式化的中英數常課程。一年一次到郊野公園來個燒烤旅行，已經令人興奮得前一晚睡不著，如果我們小時候都有這樣的戶外學習機會，把我們在課堂上學到的知識實地考察和應用，可以想像得到，上學的生活可以變得很不一樣呢！

現在看看他們在台灣森林學校上學的孩子，小小年紀，已經可以涉獵像大學層次的討論題目。哥哥的三年班為了探究山林資源的取用，老師還會帶他們去四日三夜的戶外學習之旅，親身帶他們到花蓮阿美族原住民區。學校安排

嚮導帶領他們學爬樹、學做竹筒飯、學鑽木取火，也體驗看看台灣原住民善用山林資源的傳統文化。這種第一身的學習體驗，只是看到老師傳來的戶外教學照片，就足以讓父母羨慕不已、很有衝動一起去呢！

在最近學校的家長日中，老師還預告在這個學期還會帶他們去爬雪山，所以現在開始他們要每星期跑步練氣、鍛煉體能。

「身經百戰」的畢業旅行

我們孩子在台灣讀的學校，小六的畢業旅行不是那種吃喝玩樂的三日兩夜宿營，而是為期15天的台灣單車環島之旅！

老師要帶領一班二十多個只有十二三歲的小六學生，騎著單車在公路上環繞台灣走一圈，這個就是我們這間森林學校畢業旅行的傳統！

上年的小六畢業生，聽說是29個小六生和7個老師，從桃園出發，一路南下，特別停留澎湖兩天，之後再一直往台南、台東、花蓮出發，一共騎行15天。由出發前白雪雪皮膚的孩子，慢慢到後期每個孩子都被太陽烤得像朱古力一樣黑，這班孩子在環島單車之旅中，還要學習如何照顧自己和別人，雖然有著一班勞苦功高而且體力驚人的老師在旁支援，但我們作為家長也不得不佩服學校為了讓孩子上這一堂課，每年都花了很多精神、時間和資源，去讓孩子體驗這非凡之旅。

其實在這半年中這群孩子已經「身經百戰」，他們在老師帶領下慢慢開始鍛練身體和練習騎單車的技巧，還要自己學會換呔、檢查和保養單車。

這不是一場臨時興起的旅行呢，而是一個給小孩子成長的鍛煉！

的確在台灣成長的孩子，比較少給人那種嬌生慣養的感覺，我們還能從這班孩子的身上找到那份熱情、純真和天不怕地不怕的少年氣質。或許這班孩子的英文程度沒有香港的孩子那麼好，他們在小六畢業時也沒有「身懷絕技」、一身掛滿證書，但這班小孩子的那份為著目標而努力拼搏的毅力及決心，正是孩子成長路上一份最好的禮物，這也是我們讓孩子千里迢迢到台灣讀書的最大理由。

在這時代，滿腹學術知識的孩子比比皆是，「工具型」的孩子也屢見不鮮，反而令這班孩子身上那份應付未知世界的適應力、應變力顯得更可貴。

4.7

小一開始學英語ABC

不瞞大家，我們家的孩子，真的是到了小學，老師才開始教26個英文字母。

當然我們家的孩子不是讀台灣的雙語學校或是國際學校。在台灣很多小孩都是從幼稚園高班開始才會上學，而且台灣的幼稚園，相比香港來說，課程實在是非常輕鬆，也很少會要求孩子執筆寫字，所以很多香港家長都非常重視的英文課，在體制內的學校裡就不能強求。

一般國小　一週一堂英文課

「孩子學校的英文課程程度如何呢？會擔心孩子學習英文的情況嗎？」我們常常被香港朋友問這樣的問題。

「其實我們放棄了孩子學英文！」老公總愛這樣故弄玄虛地回答。

只可以說，讓孩子學習很多時候是不能貪心的，他們也沒有三頭六臂，在台灣的學校上學，讓我們學會培養孩子專心、專注的能力。

我們家兩個小孩都是在台灣念體制外的主題式森林學校，雖然學校也把台灣國小的課程大綱引入在主題教學中，但我們都知道「針冇兩頭利」，坦白說，這類主題式教學著重的絕對不是英語。

我家的哥哥在小學一年級，學校才開始教26個英文字母，聽說他們學校有些高年級的小學生，到現在還未能純熟地把所有英文字母順序唸出，大家可想而之，這裡的英文程度有多「嚴峻」！

英文始終是世界通行語言，我們當然也希望孩子可以好好認識這一種語言，讓他們可以和更多人溝通。只是我們明白，有時候讓孩子學習一種新語言也不能強求，他們在台灣已經要熟習廣東話和國語兩種語言，學英文這回事，我們選擇放手讓孩子按自己的興趣學習，所以我們都沒有特別為孩子補習英文。

孩子現在初小階段，其實一星期就只有三四堂英文堂，他們基本上是在小學才開始學英文，所以一開始就只會學習一些簡單句子。

但台灣一般國小，一星期只有一堂英文課，而且在台灣有外籍老師任教的英文課實屬非常少數。

不過可能始終台灣人和香港人說英文的口音有文化上的差異，我們聽到台灣人的英文字母發音也覺得很奇怪。可能每個地方的英語其實也會受本土的母語發音影響，有時候我們唯有將我們覺得正確的發音教孩子。

台灣欠缺運用英語的環境

的確，台灣學生普遍外語能力不足，大部分學生還是被要求背英語單字、死記文法，但礙於他們在台灣欠缺多聽和多講英語的環境，讓他們在面對外國人的時候，不敢開口用英語溝通。

我們來了台灣後，幾乎都沒有機會運用英文，語言沒有機會去運用，真的讓我們的英文程度倒退很多呢！

所以我和老公常常笑說，我們就把補習英文的學費省下來，在放寒假暑假的時候，直接帶孩子去外國生活一兩個月，讓他們在日常生活環境中學習這種語言是不是更美好呢？

台灣其實也有很多雙語學校和國際學校很注重英語教育，在台灣補習美語的文化也很流行，其實這就是看每個父母和孩子的取態吧。

還是那句，沒有一個地方的生活和教育是完美的，父母天天在孩子身邊，就是一個學習上最穩靠和貼身的依賴。我們從來沒有把台灣教育看成孩子的靈丹妙藥，我們也都是過來人，孩子需要和適合怎樣的生活、教育環境，最「心水清」、最會「補底」的，始終是父母吧。

4.8 另類學校的側寫

千里迢迢為了孩子能夠在台灣讀體制外的學校，一家人移民來台灣定居，為的就是那種注重創意思維教育、培養孩子獨立思考、教導孩子自己追求答案的主題教學模式。世上並沒有完美的學校和教育模式，來台灣讀書一年多後，終於第一次感受到這類體制外學校美好的背後⋯⋯

沒有考試制度下的競爭心

我們的學校沒有考試測驗等制度，所以小孩子從小都在沒有考試、沒有競賽排名壓力的環境下成長。學校裡沒有太多的比較，令小孩之間的氣氛通常比較平和。

前幾天，我們學校的足球隊要出去比賽了，對手都是台灣本地的國小和足球會，當這群樂活小魚突然游進高手雲集的大海中，第一場足球比賽就慘輸10球。

其實小孩之間本來就不太懂比較，忍不住在心底裡比較的，往往都是父母。

一直以來我們都沒有機會接觸台灣本地國小的孩子，只知道在台灣國小的讀書壓力和考試功課，都不輸給香港，所以那些孩子都是考試競賽場上的經驗好手，看得出他們連在足球比賽上都好勝心強勁。

我們那班球隊慘敗輸波後，仍在討論要不要吃冰淇淋，再看看人家國小球隊，輸波後教練立刻喝令罰他們跑五個圈再回來。

我們彷彿就是一直躲在體制外學校孤芳自賞的爸媽，雖然深深明白在不同學校培養出來的孩子氣質不能比較，大家各有所長，但偶爾要和其他本地國小學生硬碰硬比賽時，心裡總免不了覺得小孩在比賽上成了輸家。

『吃素』的孩子

我們這群天真爛漫、擁有快樂童年的孩子，待人特別善良溫柔，有家長在比賽過後也忍不住輕聲說：「我們的球隊像是『吃素』的！」面對著其他「豺狼野獸」，我們的孩子像是掛著笑容地給人家吃掉也懵然不知。

常常有網友向我們查問在台灣讀書的情況，很關心小孩子在台灣讀書的壓力會否比香港的小。經此一役，令我們深深感受到，其實「天下烏鴉一樣黑」，我的意思是讓小孩有壓力的學校到處都是，有時候學習上的壓力適可而止，也不見得是一件壞事。所以我們只可以說，在台灣依然有能把小孩迫「瘋」的傳統學校，也有像我們這類體制外的樂活學校，不同類型的學校也是有好有壞，沒有對與錯，最終還是要看自己孩子屬於什麼類型，無論在台灣或香港也好，讓孩子可以對號入座。

或許偶爾讓我們看清楚不同學校培養出來的孩子的不同氣質也是件好事，好讓我們認清事實，更加了解我們選擇的路。凡事沒有兩全其美，「又要馬兒好又要馬兒不吃草」，我們這群頭腦靈活的孩子，每個人都散發著自己不同的氣質，謝絕了罐頭式的教育，就是在傳統競賽上可能的確會因太善良而吃虧，所以常常都說培養孩子的責任不應光是在學校身上，要讓小孩留有一顆純潔善良的心，又不容易被「豺狼」吃掉，還是要靠父母自己，伴著孩子尋找一條適合自己的路。

4.9

選擇私校與公校的掙扎

有一天，老公拿著一封信來房間找我，並給了我一個似笑非笑的眼神，把那個小小的白信封放在我的書桌上便出去了。我安靜地打開那個白信封，裡面裝著的是給我家二弟的國小入學通知書。

真的要離開森林學校嗎？

二弟要升小學前，究竟要不要讓他由現在私立的「一條龍」森林學校，轉到本地台灣國小讀小一？這是我們夫妻間大半年來，經常討論但又懸而未決的話題。現在國小入學信握在我手中，這個決定已經迫在眉睫、不能再拖。

三年前我們大膽地帶著兩個孩子移民來台灣生活，有很大的因素是因為找到了現在他們讀的森林創意學校。在這三年間，孩子非常享受在森林學校的每一天。但隨著孩子慢慢長大，大哥和二弟截然不同的性格也慢慢展露出來。

老公常常笑說二弟的特質很像我，都是那種真正感興趣的事情並不多，但一旦找到我們感興趣的事，就可以非常專注地專一發展。小

腦袋也愛天馬行空，不懂他的人覺得他古靈精怪，但懂他的人，就知道這小伙子不甘隨波逐流，心裡總是想要做一些不一樣的事情。然而這種獨特的性格，是需要一位有耐性的伯樂，來找出他的優點和長處。

父母是孩子的伯樂

台灣的國小推行的是傳統的學科教育，學費幾乎免費，初小只需要上半天學，當然不會像森林學校一樣有主題教學的彈性。以主題教學的森林學校是比較跳出框框的體制外學校，讓孩子有更多的自由去發揮潛能，那究竟我們還在掙扎什麼呢？

其實這是一個非常複雜的問題，簡單而言，爸爸覺得二弟的性格和天分獨特，沒有一間學校可以完全滿足他的需要。在私校每年要花的幾十萬學費不是主要問題，而是爸爸希望將在私校要付出的時間和資源回收在自己手上。

在國小讀小一，每星期有四天都是半天上課，這就可以更有效和更有針對性的，讓孩子在課餘時間學一些他真正興趣和潛能所在的東西。還可以讓他多去幾次旅行，看看世界，也希望讓我們有多點時間陪伴這個很容易被人忽略的「Middle Child」。

讓父母做孩子的伯樂，成為他成長中的主導角色。我們在移民台灣前，在香港做了兩年的全職爸媽，初衷也是希望多點時間陪伴孩子成長。

沒有一間學校是靈丹妙藥

當然，學校和父母在孩子的成長路上，各有不可取替的角色，但家庭對孩子的成長的影響力一定比學校更大。孩子的自我認識、品格

與價值觀，是需要最懂孩子的父母循循善誘。私立學校也好國小也好，都是孩子在學習和成長路上的輔助，沒有一間學校可以成為不同特質孩子的「靈丹妙藥」。

有時候我也會在想，讀哪一間小學對一個人的人生會帶來多少影響呢？我們希望和孩子建立怎麼樣的親子關係？願意花上多少資源和精力去栽培孩子的興趣和潛能呢？

最後，因為我們考慮到，在未來這幾年我們還要花很多心思與時間在打理餐廳的生意上，給孩子讀一間讓我們少一點顧慮、少點擔心的學校也很重要。的確，我們預計到之後的日子，就算讓孩子讀半天國小，剩下的時間其實陪伴他的機會也沒有想像中的多。

另外，三弟明年也會入讀森林學校的幼稚園部，學校也不建議三個小孩中要讓一個小孩離開學校，在別的地方上學。

而且二弟最後也表明，可以的話他還是想繼續留在原校升讀。在種種因素的影響下，我們還是決定繼續讓孩子留在森林學校升學，做父母的就只好繼續努力在台灣賺錢繳學費！

第五章

同路人
移台大作戰

故事1

一打三的網店媽媽

早在2015年的8月，這家人用依親移民方式來到台灣生活。

一個身材嬌小的媽媽，帶著三個孩子移民來台灣生活；肩負經濟重擔的爸爸，每星期都懷著毅行者樣般的鋼鐵意志，在星期五下班後搭上最晚的一趟飛機來台灣，享受不足48小時的親子團聚時間，然後在星期日又搭上最晚的一趟飛機回來香港上班。這樣風雨不改的行程，居然已維持五年多了。

老實說，這樣的飛機行程，讓我們想想也覺得累。

我們不再是青春少艾，無法像從前，偶爾來個凌晨機爆肺shopping之旅回來後，也可以若無其事地繼續上班工作。

這家人，爸爸好像擁有用不完的精力，可以每星期坐兩趟凌晨飛機來回港台，努力地為著這個家去賺錢、拼下去。

一打三的媽媽在台灣也長期過著這種「半單親」的移民生活，更厲害的是，竟然還在台灣發展出港台網購生意，用心搜尋各式各樣的台灣特色產品賣給香港的媽媽，成功地為這個家撐起了半邊天。

為森林學校移民台灣

究竟他們是為了什麼移民台灣呢？媽媽說：「就是單純為了台灣的學校移民台灣。」

當年，成熟穩重的大兒子，無意間站在媽媽的電腦背後，看到媽媽正在看一間台灣森林學校的資料，就猛然燃起要來台灣讀書的勇氣。就這樣，一家人無畏無懼地來到那一間心儀的森林學校參觀、面試，然後毅然決然地辦了入學手續。

因為孩子的爺爺長期在台灣生活，所以他們就用了最簡單的依親移民來到了台灣。當年移民起行時，最小的孩子還未讀幼稚園呢！

這位在台灣一打三的媽媽，根本就是我在台灣的一位典範！

其實我們也是為了同一間森林學校，千里迢迢帶著孩子來到台灣。

每次我覺得在台灣帶著三個孩子還要兼顧生意，身心俱疲的時候，就會想起這位媽媽的超人意志，她就像我的同行者一樣，時刻為我做了一個好榜樣。

這位超強媽媽，有好幾次在我們真的忙不過來的時候，更仗義出手幫我們照顧三個孩子，我也很不好意思地要讓她一打六！

當我們忙完事情打電話給她的時候，她更問我們夫妻要不要一起去她的家吃晚飯？！真的是讓小女子甘拜下風，只可以說媽媽是天下最強大的！

孩子找到目標　父母就有動力打拼

我問這位媽媽來台灣最開心的事情是什麼？她說讓孩子能享受較開放式的學習環境，也令孩子能發現自己想要及需要的學習目標，就是他們一家人在台灣刻苦打拼的原動力！

不過這一條路也不是一帆風順。她坦白地跟我們說，當年移民來台的初期，很多時候要承受著一個人帶著三個孩子的孤獨和辛酸，雖然有著老公在香港的時刻支持和週末的短暫團聚時間，但始終一星期還是有五天需要獨力撐著這一頭家，尤其是當遇上生日和特別節日的時候，雖然可以在週末與老公一同慶祝，但到了正日時，最親的老公無法在身邊陪伴，難免還是要咬緊牙關、擦乾眼淚地去過。

幸運地，這位女強人媽媽在台灣也漸漸找出了自己的一片天，成功開拓的網購生意，意外地帶給她在創業上的滿足感，讓她可以在照顧孩子之餘，享受來自工作的認同及讚賞，也為他們這一家帶來了意料之外的收穫。

到了今天兩個大孩子已經在讀國中，就連最小的小孩也正式踏入小學階段，這位網購媽媽彷彿終於捱出頭來。

我問她還有什麼願望嗎？這位處處心繫孩子的媽媽，就只希望孩子能找到適合自己的另一片天空。也許願她的網購事業能穩步發展，一家人開心滿足地享受生活便足夠了。

故事2

開創先河的紮肚師

從事了十年媒體編輯工作的Joys，毅然裸辭飛到印尼學傳統紮肚技術，變身一位紮肚師，她的這段經歷實在有點不可思議。

「人生就是一趟不停冒險的旅程。因為喜愛文字，大學畢業後一直做記者編輯的工作，一直專攻「婦幼親子」這塊領域。後來工作到某一個點，開始思考：就這樣過完一輩子嗎？不找點其他的事試看看嗎？」Joys親自說出她心底裡的想法。

自從這個不願甘於平淡的想法開始在Joys的心裡萌芽，她便首先與丈夫一起辭掉穩定的工作，結伴跑到澳洲打工度假。

就是這樣，夫妻二人任性的一年經歷，為她們往後的人生提供了許多養分。

辭職到印尼學習冷門手藝

回港以後，Joys因工作關係認識到古法紮肚，那時紮肚在香港還未算大流行。當時她對紮肚是半信半疑，剛好朋友說香港有「紮肚教學速成班」，她就去報讀看看，還找了新任媽媽的朋友當「實驗品」。沒想到替這位朋友媽媽紮肚 10 天之後，她的肚皮還真的起了變化。

那時候正值工作的倦怠期，感覺生活似乎都被工作佔滿，她開始思索究竟當紮肚師可不可行呢？她深知只在香港上過速成班並不足夠，於是思前想後，決定辭去執行編輯的職位，隻身遠赴紮肚起源地——印尼學習，迎向另一個未知。

試問在香港有多少人，身為人妻卻還有這種勇氣暫放下另一半，隻身跑到陌生國家學習一門自己喜歡的手藝？

學成歸來後，她也真的在香港當了一個全職的紮肚師。那時剛巧產後紮肚的風氣在香港和新加坡慢慢流行起來，成就了她在香港的另

一個事業高峰。

其實我在香港當全職媽媽的時候就和Joys認識，她是我認識的編輯朋友中，文筆最好的！

真的不能小看個子嬌小、說話總是陰聲細氣的小女生，當她有一天告訴我，她已經辭去編輯的工作成為一位紮肚師的時候，簡直令人難以置信！

夫妻二人一直都喜歡台灣，再加上香港的氛圍令人擔憂，在暫時還沒有孩子的束縛下，他們便在2019年底，毅然決定一起移民台灣！Joys也順理成章地，把她的印尼古法紮肚手藝，帶給台灣的媽媽們。

來到台灣後，因為他們喜歡有海的地區，不喜歡人太多的地方，所以選擇住很多香港人聚居的淡水。

Joys負責紮肚，丈夫則幫忙宣傳推廣，他們夫妻檔也是從零開始，大膽地在超市中賣廣告，並成功打入台北最大規模的國際嬰兒用品展中做推廣，更在嬰兒展中擔起了其中一場講座的講師，向台灣媽媽正式介紹和示範這一門在台灣仍算是很冷門的紮肚手藝！

台灣美容法規嚴格

在台灣創業當紮肚師有什麼困難嗎？她也坦白跟我分享，在台灣涉及美容方面的生意其實有很多法規規範，特別是在做推廣的時候，無論是宣傳產品的平面廣告，還是Facebook分享的貼文，用字都要非常小心，法規要求比香港的更嚴格！

或許這就是一場意外的驚喜，由當初單純地想學一門手藝，到現在變成移民來台灣的入門生意，讓夢想生活變為現實。所以，誰說移民去台灣就一定要做飲食業！

「我慶幸自己當初的衝動決定，現在才可以帶著紮肚手藝來到台灣，把自己的專業介紹給這裡的媽媽。因為在台灣產後肚皮保養還沒很流行，要開拓市場對我來說是一個全新挑戰，但我相信命運自有安排，盡自己能力做好，其他就隨遇而安吧。」總是掛著笑臉的Joys娓娓道來。

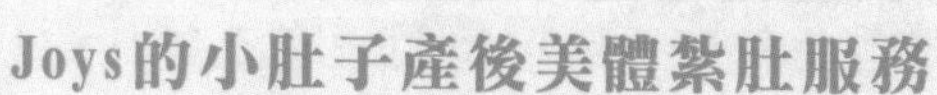
Joys的小肚子產後美體紮肚服務

Facebook：www.facebook.com/littlebellytw/

故事3

放棄鐵飯碗的愛家爸爸

這一個香港家庭，如果我們和他們交換身份，可能會不捨得離開香港移民，因為這個家的爸爸，是一個拿著「鐵飯碗」的香港公務員。

實際一點去說，一個每月收入高達六位數字的香港家庭，本可以衣食無憂、安樂地在香港生活一輩子，但他們卻選擇放棄香港的高薪厚職！

本來公務員爸爸還打算在移民台灣初期當一個「太空人」，好讓妻小在台灣可以繼續舒適地生活，自己在週末回台陪伴，但始料未及的全球新冠疫情，讓這個計劃徹底泡湯了。這次疫情令這家人被迫分隔兩地，但反而激起公務員爸爸離開香港，下決心移民台灣！

這位熱血公務員爸爸更選擇自己執筆，寫下他們一家不平凡的故事。一家人生活，哪怕是高薪厚職也阻擋不了他們要團聚的心，就讓這位懷著哥倫布冒險家精神的爸爸，親自道出這個完全跳出舒適圈的艱難選擇：

二零二零年，尚有不足三月便成為歷史。無論我還是香港，之後的日子都將會很不一樣。

逃犯條例的爭議，將香港鬧得天翻地覆。遊行示威、警民之間的流血衝突無日無之。若非新冠肺炎爆發，全港十八區恐怕還在硝煙彌漫。迷霧中不言而喻的是：香港已經不再香港，亦決不可能回到從前的香港。

我生於七十年代，和我同年齡層的朋友，皆屬相當幸運且獨特的一代。我們早就知道，文明社會應該是怎樣的。

我想沒有人會認為催淚煙籠罩中的香港，能提供適合小朋友成長的社區環境。個人在社交媒體的發言，竟又成為被工作機構解僱的理由；逃犯條例的爭議，無日無之的警方鎮壓抗爭行動，再加上言論自由逐漸被限制，成為駱駝背上的最後一根稻草：我決定移民了。

我的姊姊在雨傘革命之後移民到加拿大。我自然打算移居到加拿大。但以當時的環境而論，移民加拿大的門檻相當高；而恰巧太太的好朋友早年已移民台灣，我看台灣雖小，但總算是華人社會裡唯一的民主地方。看見朋友移居到台灣桃園之後愉快美滿，便選定投資移民到台灣桃園了。

多得熱心朋友們的熱心幫忙，我們一家前後不用三個月，便取了台灣的居留證，妻小總算安頓下來。我當時的計劃是：我如常留港工作，每月找一兩個星期的五六來台過夜，探望妻小。

不料回港之後，新冠肺炎在社區全面爆發，我的計劃因隔離令而泡湯。儘管和太太分隔異地，但維繫愛情其實不是想像中那麼困難。多得科技之賜，我幾近每天晚上都和太太視像通訊，這當然不可能與親身見面相比，但「距離，產生的不是美，而是詮釋了不堪一擊的愛情」這句話，總算在我倆之間灰飛煙滅。

或許最大的困難，是我的父母。或許是政治取向，或許是年紀所限，他們幾近不可能接受當前必須離開香港的社會現實；對他們而言，年老的好處就是當前的問題不是他們的問題。我知道我決不可能說服他們一塊離開。那他們日後如何生活？身為人子，難道就不過是一部每月付上生活費的提款機？

一家各散東西　重思何謂美好生活

記得在雨傘革命之後，我和姊姊談到移民。我當時還打趣說她儘管離開，我會守到最後一刻，照顧父母的責任當然可以落在我的肩膀上。不料幾年之後我便自食所言。我姊姊是個明理人，當然支持我移民的選擇；但想到肩膀上的責任竟變成背棄父母的負罪十字架，我便知道無論我和姊姊走到地球哪裡，內疚感都永遠伴隨一生。姊妹在加拿大，父母留在香港，而我在台灣。一家自此花果飄零，各散東西。難道這就是追求未來美好生活的必然代價？我到今日都沒有答案。

新冠肺炎肆虐，儘管我已取得台灣的居留證，但年初離台後便沒有返台的機會，或許嚴格而言還未算在台灣「生活」過。不過台灣人普遍個性質樸，熱情好客，而政治上又有民主制度這副定海神針，自由有充分的保障，儘管近來台海局勢緊張，但台灣這小島還是教人感到前途無限、欣喜滿眼。在新冠肺炎的陰霾下，台灣的孩子個個正常上學，市面幾近一切如常，不是傑出的政治成就是什麼？

當然，世界上沒有完美的地方，我不會天真到以為住在台灣桃園就等同住在世外桃源。單是台灣的交通就教人不敢恭維：馬路上的機車亂衝亂撞，行車線與車輛的前進方向似乎完全脫軌，台灣人平日質樸和善，但手握汽車軚盤之後可以變成另一個人；台日車牌雖然互認，但台日「車品」卻互不相干，這種誤會絕不美麗。另外，記得早年在台灣的銀行開戶，行政效率慢得可以讓出名心急的香港人睡著覺，還未算期間種種出錯而帶給客人的麻煩。總之，香港人要超脫自己的一套標準去衡量「效率」，不然會氣得火燒心。

伊甸園裡也有條蛇，台灣又怎可能完美？台灣社會有問題不要緊，重要是她有套教華人社會引以自豪的制度：民主制度。它的優勝之處，在於自我修正的功能。只要制度正常運作，香港的惡夢就不會在台灣上演。

香港當前的狀況不容樂觀。到底我們該選擇給自己打精神麻藥，不斷強調「歲月靜好」、用「小確幸」去麻木自己，留在是非之地去見證歷史悲劇，還是認清現實，做該做的決定？

我真的不覺得做這個決定有多難。

公務員Damen爸爸

Damen的太太也在台灣做網購生意，請大家多多支持：

Facebook：百合台灣代購

故事4

移居不移民的小吃店女生

希望可以來台灣生活但又缺少資金可以怎麼辦呢？

一個香港女生Karen，就選擇了在2018年12月隻身來到台灣生活，以開港式小吃店取得在台的工作居留，投資五十萬台幣（約港幣十三萬）在台灣開公司。只要公司每年營業額達台幣三百萬元，連續滿五年，她便可申請在台灣的永久居留證！

雖然嚴格上來說，她不算是「移民台灣」，但是五年後她除了沒有台灣身份證和護照外，仍然是可以永遠留在台灣生活。手持居留證的她，也可以申請台灣的健保卡，享有在台灣完善的醫療福利！

連續居留五年後　可申永久居留

Karen當初就是因為父母還在香港，心想台灣跟香港的距離比較近，如果遇上緊急事情需要回去照顧家人，一個多小時飛機航程便到達香港。

另外由於只有她一人選擇移居台灣生活，所以當初就選擇了來台灣開公司這個資金要求最低的方法，先來台灣生活試試水溫。

她更大膽的在台灣朋友建議下，在桃園鮮為人知的平鎮區開了一間港式小吃店，從美味香脆的手工蝴蝶酥、小桃酥（合桃酥）、蘿蔔糕等傳統港式小點做起，後來更慢慢自製手工叉燒、脆皮燒肉、腸仔包、菠蘿包、蛋撻等美味小吃！

憑著食物口碑和誠懇的待客態度，她更慢慢在網上建立起宅配生意，突破了地區行銷的限制，免除在市區開店的資本壓力，讓她既可以在自己心儀的地方生活又可以順利拓展生意。

因為開店的地方沒有捷運和公共交通工具接駁，所以Karen來台第三個月，就開始學習開電動電單車，成功解鎖一項新技能，解決了在小區出入的代步需要。

一個女生隻身來到台灣重新開始，就是需要懷著這種肯時刻接受改變和挑戰的心，而不是常常期待可以找到一個似曾相識的地方讓自己更易適應。

「移居台灣後有什麼最開心和享受的事嗎？」我一邊吃著她做的新鮮出爐腸仔包一邊問。

「很多客人知道我是香港人來創業，他們會很熱情地分享他們的意見，還會常常給我鼓勵，哪怕在台灣的創業路上有諸多辛苦，這就是最窩心的原動力！」Karen有感而發地說。

由一塊看似平平無奇的港式小桃酥做起，不需要有功力深厚的高超廚藝，只是憑著一顆堅持的心，就成功在台灣闖出了一片新天新地，也令她人生的下半場，可以按照自己喜歡的步調生活。

祝願Karen的港式小吃店可以繼續在台灣深耕細作，同時感激Karen的巧手，讓一班在台灣生活的香港人也可以重拾脆皮燒肉、蘿蔔糕、腸仔包等熟悉的味道，讓我們在味蕾上好好地懷念香港！

Karen的港式小吃店：

薈味 www.facebook.com/HueiWeiInTaiwan/

終章

如果可以重新選擇，會移民英國嗎？

我們移民台灣三年後，香港局勢一直在變，英國政府突然間宣佈我們這些手持BNO的香港人，可以有機會藉此移民英國。我們也不禁心思思的問自己，如果可以重新選擇，我們會選擇移民英國還是台灣呢？

或許每個手持BNO的香港人，應該多多少少都有想過，要不要把握這次難能可得的機會移居英國生活？即使是我們這些已經移民到台灣的人，也曾經有心動的一刻。

其實我們從未踏足英國，所以嚴格來說，對在英國的生活一無所知。

「如果我們沒有生孩子，我想我們也會移民英國！」King Kong爸有一天拿著發黃了的BNO沉思地說。

因為神賜了我們三個兒子，讓我們在走每一步時，都要三思而後行，尤其是當台灣已經成為了我們的第二個家，也慢慢變成了我們和孩子的舒適圈後，移民後要再移民的抉擇就變得很困難了。

「如果我們沒有生孩子，其實移民到哪裡都不是問題，或者根本不需要移民，繼續瀟灑地四處旅居已經很爽啦！」真的，如果沒有生孩子，沒有下一代的負擔，去闖闖又何妨？

當年我們就是為著孩子在台灣找到一間理想的森林學校而萌生移民台灣的念頭，現在兩個孩子也已經完全融入了學校生活，也適應了台灣的語言、文化和居住環境，我們彷彿也在台灣慢慢紮根，我們也是因為對在台灣的生活有信心，才會生下第三個孩子，而且我們也真的越來越喜歡台灣這個家，所以我們心裡都知道，我們已經找不到理由移民英國了。

台灣也不是完美，但我們反覆思考，對於我們來說，去英國除了可以讓小孩學好英語外，我們暫時想不到還有什麼要選擇英國放棄台灣的理由。始終台灣還是和香港的文化相近，而且生活指數和稅收都比英國低，要回香港照顧或探望家人也很方便，而且台灣的人情味和慢活步調，也總是給我們剛剛好的感覺。

我們也不再年輕，不再有當年那種年少氣盛，總想要向外闖的冒險家精神，改變是可以的，但心裡仍然希望可以留有一些熟悉的味道，可能就是在台灣比較容易吃到一頓港式美食、看到熟悉的語言文字、某程度上的同聲同氣，而且和香港家人相距不遠。

其實人心總是想有著落，總想找到一個可以安穩生活下去的家，尤其是我們帶著三個小孩，感恩神讓我們遇上台灣這個不用擔驚受怕，也不用留著眼淚看新聞的地方，一家五口可以平靜安穩地生活，就已經讓我們心甘情願留在這個家了。

走或不走，或走到哪裡也好，我們最後祝願所有香港人都可以找到心目中的一片樂土，可以有選擇地呼吸著自由空氣！

很老土的也要說一句，香港人加油！

LIFE 19

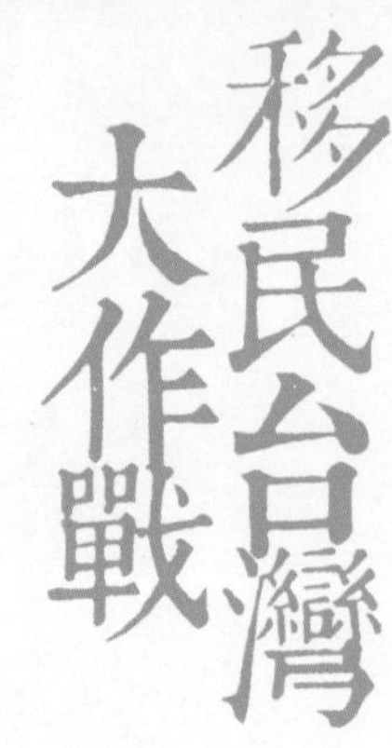

作者　King Kong媽媽（Cass）
出版經理　Sherry Lui
責任編輯　Barbara Cao / Wendy Leung
書籍設計　Marco Wong
相片提供　King Kong媽媽、小日子寫真館、Getty Images

出版　天窗出版社有限公司 Enrich Publishing Ltd.
發行　天窗出版社有限公司 Enrich Publishing Ltd.
香港九龍觀塘鴻圖道78號17樓A室
電話　(852) 2793 5678
傳真　(852) 2793 5030
網址　www.enrichculture.com
電郵　info@enrichculture.com
出版日期　2020年11月初版

承印　嘉昱有限公司
九龍新蒲崗大有街26-28號天虹大廈7字樓
紙品供應　興泰行洋紙有限公司

定價　港幣$138　新台幣$580
國際書號　978-988-8599-54-7
圖書分類　(1)生活　(2)親子教養